新商务汉语教程

New Business Chinese
Listening and Speaking (II)

新商务汉语
听力与口语教程

邓如冰　卢英　王颖　编著

（下册）

U0331246

清华大学出版社
北京

图书在版编目（CIP）数据

新商务汉语听力与口语教程.下册 / 邓如冰，卢英，王颖编著. — 北京：清华大学出版社，2017（2024.3重印）
（新商务汉语教程）
ISBN 978-7-302-46067-1

Ⅰ.①新… Ⅱ.①邓…②卢…③王… Ⅲ.①商务 – 汉语 – 听说教学 – 对外汉语教学 – 教材 Ⅳ.①H195.4

中国版本图书馆CIP数据核字（2017）第001062号

责任编辑：纪海虹
封面设计：傅瑞学
责任校对：王凤芝
责任印制：沈　露

出版发行：清华大学出版社

网　　　址：https://www.tup.com.cn, https://www.wqxuetang.com
地　　　址：北京清华大学学研大厦A座　　邮　　编：100084
社 总 机：010- 83470000　　邮　　购：010-62786544
投稿与读者服务：010-62776969, c-service@tup.tsinghua.edu.cn
质量反馈：010-62772015, zhiliang@tup.tsinghua.edu.cn

印 装 者：涿州市般润文化传播有限公司
经　　销：全国新华书店
开　　本：210mm×285mm　　印　张：11.5　　字　数：167千字
印　　次：2017年1月第1版　　印　　次：2024年3月第2次印刷
定　　价：50.00元

产品编号：057114-01

编写说明

《新商务汉语听力与口语教程（下册）》是为具备一定汉语基础的留学生编写的听力和口语教材，凡已完成半年至一年的汉语学习的汉语学习者，尤其是欲了解中国社会经济情况的汉语学习人士、预备学习财经类专业或已在此专业学习的留学生、预备从事经贸行业的外国来华人员，均可使用本教材。

一、编写原则

1. 表现人们日常的经济贸易生活

本教材所选材料并非简单的经贸知识介绍，而是以中国人的实际生活为依据，表现日常生活的各种商务活动，让学生在活生生的生活场景中自然而然地掌握商务用语。

2. 进行全面的听力技巧训练和口语能力提升练习

本教材从听力和口语课程的特点出发，在每课都设计了关于听力和口语知识点的专项练习，同时有意识地设计了大量听音、辨词、理解句意、理解段意、推测、联想、计算、谐音、速记、复述、成段表达、综述、演讲、辩论等训练基本听力和口语技巧的练习，学生使用本书后将得到全面的听力和口语技巧的训练。

3. 设计了大量贴近生活、具有趣味性的练习题

本教材在主课文的练习后，设计了题量丰富的综合练习。习题选材风格多样，内容和语言都贴近生活。在练习的设计上也注意形式多样，力求充分激发学生的学

习兴趣。

二、教材体例

1. 编排情况

本教材共八个单元，一个单元即为一个话题，话题中的课文在长度、难易度上都有渐进性。

2. 单元内容

每个单元包括两篇课文练习和一个综合练习。每篇课文练习前都列出相应课文的生词及其拼音。综合练习包括对专项知识点的介绍和训练，也是对课文中的知识点的再度训练。

3. 教材构成

本教材包括一本纸质教材和一套CD。

4. 使用方法

本教材包括三个部分：单元练习、录音文本和参考答案。使用本教材时，建议学生事先对生词进行预习，不建议学生预习录音文本中的内容。师生均应在课堂上重点学习教材中的单元练习的部分，录音文本和参考答案只是起到辅助学习的作用。

本书编写和出版过程中得到了清华大学出版社编辑同志的热情支持，在此表示感谢。书中还选编了少量报刊上的文章，在此向这些文章的作者表示谢意。书中难免有疏漏之处，敬请谅解！

编　者

2016年6月

目录

第一单元　体育商机 001

热身话题

1. 谈谈你对往届奥运会所了解的情况。

2. 给大家介绍一些你喜欢的运动项目或者体育明星。

3. 你认为奥运商机有哪些？

第二单元　文化产业　017

热身话题

1. 最近你们国家流行的电视剧和电影是什么？

2. 在你看来，文化产业的影响大吗？具体有哪些方面的影响？

第三单元　创业故事　027

热身话题

1. 你想自己做老板吗？

2. 给老板打工和自己做老板这两个选择哪一个更好？为什么？

第四单元 商务谈判

热身话题

1. 说说你的一次讨价还价的经历。

2. 你认为在谈判时，最重要的事情是什么？

3. 在谈判前，都需要做哪些方面的准备？

第五单元 风险控制

热身话题

1. 风险是什么？在生活中、创业中存在哪些风险？

2. 风险能控制吗？一般会怎么处理风险？

3. 在你的国家，你听说过一些关于投资风险的俗语或故事吗？

第六单元　金融产品　067

热身话题

1. 谈一谈你知道的金融产品有哪些?

2. 互联网金融产品你了解吗?

第七单元　中国经济　081

热身话题

1. 你认为哪些现象可以表示人们生活水平的提高?

2. 在你的国家,人民生活处于一个怎样的水平?

3. 在你的国家,城市和农村的生活质量哪个更高?

第八单元　世界经济　095

热身话题

1. 最近几年里你的国家经济发展得怎样?

2. 你了解经济全球化吗? 举几个生活中的例子来说说。

3. 你认为各国之间的经济往来对国家的发展有什么重要意义?

第一单元　体育商机

热身话题

1. 谈谈你对往届奥运会所了解的情况。

2. 给大家介绍一些你喜欢的运动项目或者体育明星。

3. 你认为奥运商机有哪些?

课文1

你应该找时间锻炼一下

生词

锻炼 duàn liàn	助理 zhù lǐ
舒服 shū fú	诊断 zhěn duàn
衰弱 shuāi ruò	主力 zhǔ lì
瘾 yǐn	缓解 huǎn jiě
规律 guī lù	
劳逸结合 láo yì jié hé	无可奈何 wú kě nài hé
暴饮暴食 bào yǐn bào shí	炒鱿鱼 chǎo yóu yú
小菜一碟 xiǎo cài yī dié	

练习

一、听录音，根据课文内容判断正误。

（　　）1. 孙燕最近很忙。

（　　）2. 读大学的时候，赵民的体育很好，很会打篮球。

（　　）3. 赵民经常参加宴会。

（　　）4. 现在赵民是公司的总经理。

（　　）5. 孙燕买了一本杂志，上面有缓解压力的办法。

（　　）6. 孙燕每天晚饭后去散步。

（　　）7. 赵民也打算晚饭后去散步了。

（　　）8. 每个周三晚上，赵民他们公司各部门的经理都可以休息。

（　　）9. 马克在实验小学工作。

（　　）10. 赵民不认识马克。

二、听录音，根据课文内容选择正确的答案（可能不止一个正确答案）。

1. 打电话时，赵民可能在哪里？（　　　）

    A. 在医院　　　　　B. 在家里　　　　C. 在公司　　　　D. 在同事那儿

2. 赵民的身体有哪些不舒服的症状？

    A. 失眠、头疼　　　　　　　　　B. 失眠、全身疼

    C. 头疼、全身疼　　　　　　　　D. 发烧、头疼

3. 赵民为什么得了神经衰弱？（　　　）

    A. 他经常喝酒　　　　　　　　　B. 他烟瘾很大

    C. 他和女朋友分手了　　　　　　D. 他的工作压力很大

4. 下面什么事情是赵民不用担心的？（　　　）

    A. 部门的生产情况　　　　　　　B. 部门的销售情况

    C. 部门的管理情况　　　　　　　D. 被老板炒鱿鱼

5. 关于赵民，以下哪句话是不对的？（　　　）

    A. 还没有结婚　　　　　　　　　B. 没有时间锻炼身体

    C. 生活没有规律　　　　　　　　D. 有时工作到很晚

6. 孙燕介绍的缓解压力的方法是什么？（　　　）

    A. 睡觉　　　　　B. 吃东西　　　　C. 锻炼　　　　D. 偷懒

7. 赵民每周三晚上要（　　　）

    A. 和孙燕打羽毛球　　　　　　　B. 和孙燕的哥哥打羽毛球

    C. 去老板家喝茶　　　　　　　　D. 在家喝茶

8. 赵民每周日下午将要（　　　）

    A. 和马克一起去打篮球　　　　　B. 和马克、孙燕一起去打篮球

C. 和孙燕一起去游泳　　　　D. 和马克、孙燕一起聚餐

9. 关于孙燕，以下说法正确的是（　　　）

  A. 孙燕上大学时是篮球啦啦队员　　B. 孙燕不用工作

  C. 孙燕喜欢游泳　　　　D. 孙燕的篮球打得很好

10. 赵民、马克、娜娜、孙燕是什么关系？（　　　）

  A. 他们都是大学同学　　　　B. 马克是孙燕的男朋友

  C. 马克不认识娜娜　　　　D. 娜娜是赵民的前女友

三、根据课文内容完成下面的表格。

孙燕给了赵民四个建议：

孙燕的建议	赵民是否接受了这个建议	原因
让娜娜做点好吃的给赵民		

四、用自己的话回答下面的问题。

1. "好汉不提当年勇""饭后百步走，活到九十九"是什么意思？

2. 你在生活中有压力吗？说出来给大家听听。

3. 大家讨论一下："缓解压力的方法有哪些？"

UNIT 1

第一单元 体育商机

热身话题

1. 谈谈你对往届奥运会所了解的情况。

2. 给大家介绍一些你喜欢的运动项目或者体育明星。

3. 你认为奥运商机有哪些?

课文2

奥运会带来了什么?

生 词

价值 jià zhí	发达 fā dá
彩票 cǎi piào	广泛 guǎng fàn
产值 chǎn zhí	运输 yùn shū
证券 zhèng quàn	错觉 cuò jué
刺激 cì jī	绞尽脑汁 jiǎo jìn nǎo zhī
竞赛 jìng sài	名副其实 míng fù qí shí
俱乐部 jù lè bù	

练 习

一、请听课文"体育产业"部分，完成下面的练习。

1. 选择正确答案（可能不止一个正确答案）。

（1）体育产业是指（   ）

    A. 向社会提供体育产品的经营性行业

    B. 向社会提供体育服务的经营性行业

    C. 向社会提供体育产品的非经营性行业

    D. 向社会提供体育服务的非经营性行业

（2）以下行业中，课文认为具有巨大商机的是（   ）

    A. 彩票　　　　B. 印钞业　　　　C. 文艺表演　　　　D. 体育用品生产

（3）关于朱树豪，正确的说法是（　　　）

A. 他被称为"中国体育产业第一人"

B. 他喜欢买体育彩票

C. 在 8 年里赚了 36 个亿

D. 他曾经在广州建立高尔夫俱乐部

（4）以下说法正确的是（　　　）

A. 体育产业已经成为世界上最大的产业

B. 全球体育产业的年产值高达 400 多亿美元

C. 英国的体育产业年产值超过了汽车制造业的产值

D. 体育产业与汽车制造业、烟草业等传统产业是竞争关系

（5）关于美国体育产业，以下说法正确的是（　　　）

A. 它的产值不如烟草业的产值

B. 它的产值不如商业银行的产值

C. 它的产值不如证券市场的产值

D. 它的产值不如欧洲的体育产业

（6）关于英国的体育产业，以下说法正确的是（　　　）

A. 它的年产值是汽车制造业总收入的两倍

B. 它的年产值达到上千亿美元

C. 它的年产值超过了烟草业的产值

D. 英国的体育产业是世界上第二发达的，仅次于美国

（7）体育产业创造的年产值排在国内十大产业之中的地区包括（　　　）

A. 北美　　　　　B. 西欧　　　　　C. 中亚　　　　　D. 南亚

（8）关于中国的体育产业，以下说法正确的是（　　　）

A. 中国自古以来就很重视体育产业

B. 改革开放以来，中国的体育产业发展很快

C. 体育产业在中国属于"朝阳产业"

D. 人们还不够关注体育产业

2. 谈一谈：

（1）你是否同意中国的体育产业是个"朝阳产业"？它还会在哪些方面获得发展？

（2）在你的国家，体育产业是否发达？原因是什么？

二、请听课文"全民健身"部分，完成下面的练习。

1. 判断下列说法是否正确。

（　　）（1）从前，不少中国人认为体育与自己关系不大。

（　　）（2）在奥运会举办前，中国国务院批准每年的 8 月 8 日为"全民健身日"。

（　　）（3）设立"全民健身日"的目的是发展体育产业，创造更多的利润。

（　　）（4）体育经济越发达的国家，普通人参与体育健身的比例越大。

（　　）（5）美国人一年平均散步 8600 万人次，游泳 2700 万人次。

（　　）（6）目前欧美人均体育消费约为每年 300~500 美元。

（　　）（7）中国人均体育消费每年超过 100 元人民币。

（　　）（8）中国体育产业的产值达到了 2 万亿元人民币。

（　　）（9）中国体育市场的商机不仅仅属于中国人。

（　　）（10）赢得中国体育市场的关键是把中国的老百姓变成自己的顾客。

2. 谈一谈：

（1）面对中国体育产业巨大的商机，你认为企业应该怎样把握机会？

（2）比较一下你们国家的人和中国人在体育健身方面的消费水平。

三、关联词语练习

仔细体会例句，然后用所给的关联词语将下列各句补充完整。

1. 不仅……，也……

例：奥运不仅是体育的盛会，也是经济的大舞台。

（1）他不仅外表英俊，也＿＿＿＿＿＿＿＿＿＿＿＿＿＿＿＿＿＿＿。

（2）北京不仅＿＿＿＿＿＿＿＿＿＿＿＿＿＿＿，也是现代化的大都市。

（3）好久不见，你不仅＿＿＿＿＿＿＿＿＿，也＿＿＿＿＿＿＿。

2. 如果……，那么……

例：如果中国人均体育消费达到欧美的一半，那么将至少形成一个每年 2 万亿元人民币的大市场。

（1）如果＿＿＿＿＿＿＿＿＿＿＿＿＿＿＿＿，那么我就不学汉语了。

（2）如果你认为我的不好，那么＿＿＿＿＿＿＿＿＿＿＿＿＿＿＿＿。

（3）如果他下次考试还是不及格，那么＿＿＿＿＿＿＿＿＿＿＿＿。

3. 越……，越……

例：体育经济越发达的国家，普通人参与体育健身的比例越大。

（1）一般人都认为，考试的分数越高，＿＿＿＿＿＿＿＿＿＿＿。

（2）＿＿＿＿＿＿＿＿＿＿＿＿＿＿＿，她越是不理我。

（3）人民的生活水平越高，＿＿＿＿＿＿＿＿＿＿＿＿＿。

4. 谁……，谁……

例：谁能以"全民健身"为自己的目标市场，把广大老百姓变成自己的顾客，谁就能赢得中国的体育市场。

（1）谁＿＿＿＿＿＿＿＿＿＿＿＿＿＿＿，谁就是世界上最聪明的人。

（2）谁＿＿＿＿＿＿＿＿＿＿＿＿＿＿，谁就获得了这次比赛的胜利。

（3）谁不孝顺父母，谁＿＿＿＿＿＿＿＿＿＿＿＿＿。

5. 之所以……，是因为……

例：体育产业之所以得到发展，是因为人们看到了体育本身所具有的巨大经济价值。

（1）他之所以不愿意离开家乡，是因为＿＿＿＿＿＿＿＿＿＿＿。

（2）狗之所以得到人们的喜爱，是因为＿＿＿＿＿＿＿＿＿＿＿。

（3）＿＿＿＿＿＿＿＿＿＿＿＿＿，是因为他的性格特别好。

综合练习

一、关于体育专用词汇的练习。

1. 下面的成绩可能是什么体育项目？把对应的两项连接起来：

1. 9.98 秒	1. 男子撑竿跳高
2. 9.75 分	2. 乒乓球
3. 2 小时 56 分	3. 男子 100 米
4. 8.95 米	4. 体操
5. 99 环	5. 男子 4×100 米接力
6. 11：7	6. 高尔夫球
7. 6.14 米	7. 马拉松
8. 60.13 米	8. 男子跳远
9. 39.12 秒	9. 射击
10. 268 杆	10. 标枪

2. 看看下面的词语，它们可能是什么体育运动项目的专有名词？

（1）投篮　　　（2）禁区　　　（3）二传手　　　（4）黄牌警告

（5）双打　　　（6）单打　　　（7）混合双打　　（8）三级跳

（9）越位　　　（10）投手　　　（11）走步　　　（12）拦网

（13）过人　　　（14）点球　　　（15）入水　　　（16）单杠

（17）射门　　　（18）后卫　　　（19）擦网　　　（20）扣杀

3. 听下列句子或对话，选择正确的答案。

以下句子可能出自什么比赛？

（1）A. 篮球　　　　　B. 足球　　　　　C. 排球　　　　　D. 网球　　　（　　　）

（2）A. 篮球　　　　B. 足球　　　　C. 排球　　　　D. 网球　　　　（　　）

（3）A. 跳水　　　　B. 体操　　　　C. 花样滑冰　　D. 艺术体操（　　）

（4）A. 篮球　　　　B. 足球　　　　C. 排球　　　　D. 网球　　　　（　　）

（5）A.100 米短跑　B.200 米赛跑　C.400 米赛跑　D. 跳高　　　　（　　）

他们在谈论什么？

（6）A. 羽毛球　　　B. 乒乓球　　　C. 网球　　　　D. 排球　　　（　　）

（7）A. 跳高　　　　B. 跳远　　　　C. 铅球　　　　D. 标枪　　　（　　）

（8）A. 篮球　　　　B. 足球　　　　C. 排球　　　　D. 网球　　　（　　）

（9）A. 篮球　　　　B. 足球　　　　C. 排球　　　　D. 网球　　　（　　）

他们不可能在谈论什么？

（10）A. 羽毛球　　　B. 乒乓球　　　C. 网球　　　　D. 棒球　　　（　　）

二、选择下面的词语填在横线上。

规律　　锻炼　　舒服　　瘾　　小菜一碟　　无可奈何

价值　　刺激　　竞赛　　广泛　　绞尽脑汁　　俱乐部

1. 这道题很难，我_____还是算不出答案。

2. 吃完饭散散步，真的很_____。

3. 小王每天都会抽出时间_____身体。

4. 他爱好_____，既喜欢读书、听音乐，也喜欢运动、旅游。

5. 蹦极是一个很_____的运动。

6. 他对打游戏很上_____，每天都在宿舍打游戏。

7. 如果他自己不愿意去参加这个活动，我们也_____。

8. 你这么努力，一定会在这次的_____中胜出的。

9. 这种题并不难做，只要掌握了其中的_____，就很容易了。

10. 放心吧，这个任务对我来说就是_____。

三、听录音，根据对话内容选择正确答案。

1. A. 他们的儿子小毛不见了　　　B. 他们的儿子小毛偷偷地吸烟　　（　　）
   C. 丈夫在家偷偷地吸烟　　　　　D. 别人来他们家抽烟了

2. A. 从来不吸烟　　　　　　　　　B. 很少吸烟　　　　　　　　　（　　）
   C. 在家吸，在别的地方不吸　　　D. 吸烟吸得很厉害

3. A. 贫血　　　　　　　　　　　　B. 神经衰弱　　　　　　　　　（　　）
   C. 既贫血又神经衰弱　　　　　　D. 现在还不知道

4. A. 很有知识的人　　　　　　　　B. 高血压病人　　　　　　　　（　　）
   C. 很爱吃油炸食品的人　　　　　D 知识很少的人

5. A. 洋快餐对小孩子的健康有害　　B. 吃洋快餐可以节约时间　　　（　　）
   C. 洋快餐对小孩子的健康有利　　D. 小孩子都喜欢吃洋快餐

6. A. 她是个喜欢做家务事的人　　　　　　　　　　　　　　　　　（　　）
   B. 她喜欢做一些休闲活动，不喜欢做家务事
   C. 她做完家务事以后才去做其他的休闲活动
   D. 她喜欢约上朋友一起做休闲活动

7. A. 电影演员的生活是很让人羡慕的　　　　　　　　　　　　　（　　）
   B. 电影演员生活得比任何人都舒服
   C. 电影演员的生活只是看起来很舒服
   D. 老百姓的生活没有电影演员的生活舒服

8. A. 她也喜欢吸烟　　　　　　　　B. 她受不了被动吸烟　　　　　（　　）
   C. 主任不在屋里吸烟　　　　　　D. 她不好意思批评主任

9. A. 工资　　　　B. 工作　　　　C. 健康　　　　D. 结婚　　　（　　）

10. A. 吃减肥药　　　　　　　　　　B. 锻炼身体　　　　　　　　　（　　）
    C. 尽量少吃东西　　　　　　　　D. 努力学习

四、正确读出下列句子，注意语调。

1. 别光说足球了，说点我懂的行不？

2. 现在几比几了，快给我说说（介绍介绍）。

3. 那么多比赛，你一场也没看？

4. 你看你，不注意锻炼身体，才一年就长了 20 斤，这样下去怎么了得？

5. 别高兴太早了，谁输谁赢还不一定呢。

6. 你不会打乒乓球，谁信呀？

7. 他跑了个第一，下面看你的了。

8. 输就输了呗，有什么好伤心的？

9. 看（瞧）把你乐得，不就是赢了一场球吗？

10. 实话对你说吧，我根本不喜欢看足球。

五、听录音，判断下面的句子是否符合原文的意思。

（　　）1. 这几天北京的天气很热。

（　　）2. 不少来北京观看奥运会的游客都不愿意离开北京。

（　　）3. 奥运会就快要结束了，但与奥运会有关的商品还是卖得很好。

（　　）4. 来自美国的贝台尔给家人各选了一块手表。

（　　）5. 提姆买了两个大包。

（　　）6. 提姆买了很多纪念章和钥匙链。

（　　）7. 提姆打电话问朋友要什么礼物，朋友说要一顶黑色的帽子。

（　　）8. 辽宁朋友王雷昨天买了 30 多件 T 恤。

（　　）9. 王雷买的 T 恤是限量版的。

（　　）10. 许多北京奥运会特许商品专卖店里，都有很多挑选纪念品的顾客。

六、听下面关于中国著名乒乓球运动员邓亚萍的介绍，完成下列练习。

1. 填空

出 生 日 期：（　　　　　）　　　　身　　　　高：（　　　　　）

体　　　重：（　　　　　）　　　　出 生 地 点：（　　　　　）

初学打球年龄：（　　　　　）　　　　进入省队时间：（　　　　　）

进入国家队时间：（　　　　　）　　　　握 拍 方 式：（　　　　　）

2. 选择正确的答案完成下表。

参加赛事：Ⅰ.世界锦标赛　　　　Ⅱ.奥运会

成绩：① 单打冠军　② 双打冠军　③ 女单、女双冠军　④ 单打、双打、团体冠军

年份	参加赛事	成绩
1989		
1991		
1992		
1993		
1995		
1996		
1997		

3. 回答下列问题。

（1）技术打法和特点：

（2）性格特点：

（3）退役后主要经历：

七、演讲。

朗读上一题关于邓亚萍的录音文本，模仿其写法，写一篇演讲稿，介绍你们国家的一个运动员。

UNIT 2

第二单元　文化产业

热身话题

1. 最近你们国家流行的电视剧和电影是什么？

2. 在你看来，文化产业的影响大吗？具体有哪些方面的影响？

课文1

文化产业大家谈

生 词

外行 wài háng	动漫 dòng màn
娱乐 yú lè	经营 jīng yíng
展览 zhǎn lǎn	装饰 zhuāng shì
拉动 lā dòng	投入 tóu rù
趋势 qū shì	平衡 píng héng
短缺 duǎn quē	逆差 nì chā
风靡 fēng mǐ	无人问津 wú rén wèn jīn
不可思议 bù kě sī yì	前所未有 qián suǒ wèi yǒu
追星族 zhuī xīng zú	

练 习

一、听录音，根据课文内容选择正确的答案（可能不止一个正确答案）。

1. 高娜最近在做什么？（　　　）

　　A. 什么都没做　　　B. 上课　　　　C. 看电视剧　　　D. 看电影

2. 李东有的时候看什么？（　　　）

　　A. 韩剧　　　　　B. 美剧　　　　C. 国产剧　　　　D. 淘宝

3. 李东觉得什么事情让他没有办法理解？（　　　）

　　A. 身边的同学和朋友都在看韩剧

B. 高娜成了追星族

C. 身边的同学和朋友每天都说韩剧里的人名

D. 看韩剧的人去买各种韩剧里的服装等

4. 高娜的观点是（　　　）

A. 电视剧是文化产品

B. 文化产业是生产和销售文化产品的过程

C. 韩剧的影响太大

D. 李东还不太了解文化产业

5. 文中提到的文化产品是（　　　）

A. 图书　　　　　　B. 电视机　　　　　C. 动漫　　　　　D. 戏剧

6. 从对话中可知，高娜的专业可能是（　　　）

A. 新闻管理专业　　　　　　　　B. 文化产业管理专业

C. 经济学专业　　　　　　　　　D. 社会文化学专业

7. 李东是从哪里了解到"国家可能对文化产业发展越来越重视了"？（　　　）

A. 新闻　　　　　B. 国产剧　　　　　C. 高娜　　　　　D. 课堂

8. 2004 年以来，全国文化产业年均增长速度可能为（　　　）

A. 15%　　　　　B. 6 个百分点　　　C. 15.1%　　　　D. 14%

9. 中国文化产业存在的问题包括（　　　）

A. 文化贸易逆差大　　　　　　　B. 发展不平衡

C. 人才短缺　　　　　　　　　　D. 热钱太多

10. 根据对话，以下说法正确的是（　　　）

A. 最近，韩剧比国产剧更受欢迎

B. 最近美剧比国产剧更受欢迎

C. 最近李东正在上文化产业方面的课程

D. 高娜正在电视剧行业工作

二、听录音，把下列选项中属于同一类的文化产业填在对应的横线上。

A. 文化展览　　　B. 形象设计　　　C. CD　　　　D. 音像制品

E. 报刊　　　　　F. 组织演唱会　　G. 图书　　　H. 文化旅游

I. 电影、电视　　J. 装饰　　　　　K. 戏剧表演

1. 生产和销售文化产品的行业：

2. 为文化市场服务的行业：

3. 向其他行业提供文化服务行业：

三、说一说

1. 你最喜欢看哪个国家的电视剧？为什么？

2. 讲一讲给你带来影响最大的一种文化产品。

UNIT **2**

第二单元　文化产业

热身话题

1. 最近你们国家最流行的电视剧和电影是什么?

2. 在你看来,文化产业的影响大吗? 具体有哪些方面的影响?

课文2

"舌尖"上的商机

生 词

期待 qī dài	播放 bō fàng
粉丝 fěn sī	发布 fā bù
销量 xiāo liàng	利益 lì yì
赞助 zàn zhù	广告 guǎng gào
透露 tòu lù	比例 bǐ lì
宣传 xuān chuán	传播 chuán bō
数据 shù jù	产业链 chǎn yè liàn
一如既往 yī rú jì wǎng	跃跃欲试 yuè yuè yù shì
引人注目 yǐn rén zhù mù	宵夜 xiāo yè

练 习

一、听录音，根据课文内容判断正误。

（　　　）1.《舌尖上的中国》是一部电视剧。

（　　　）2. 吃货们很希望看《舌尖上的中国》第二季。

（　　　）3. 第一季节目走红后，总共有 600 万人在网上购买节目中的相关食材。

（　　　）4.《舌尖 1》播出后，有 200 万的吃货通过电脑登录"天猫"搜索相关食材。

（　　　）5.《舌尖 2》的美食内容跟《舌尖 1》相比有所增加。

（　　　）6.《舌尖 1》介绍了中国 30 多个地方的美食。

（　　）7.苏泊尔和四特酒的商标会同时出现在媒体传播的过程中。

（　　）8.雷山鱼酱是《舌尖1》中最引人注目的产品。

（　　）9.上海鲜淘食品公司已经找到了最新的食材。

（　　）10.围绕《舌尖上的中国》的文化产业链已经初步形成。

二、听录音，根据内容选择正确的答案（可能不止一个正确答案）。

1. 在《舌尖1》之后，过了多长时间才播出《舌尖2》？（　　　）

　　A. 两年　　　　　　B. 四年　　　　　　C. 十年　　　　　　D. 不知道

2.《舌尖2》播出时，守候在电视机前的《舌尖》粉丝们像原来一样，（　　　）

　　A. 一边看一边喝水　　　　　　　　B. 一边看一边流口水

　　C. 一边看电视一边吃饭　　　　　　D. 边抽烟边喝水

3. 在第二季，电商们营销的直接目标是（　　　）

　　A. 想要在网上购买食材的人　　　　B. 想要在网上购买电器的人

　　C 想要在商场购买食材的人　　　　D 想要在商场购买电器的人

4.《舌尖1》播出后出现的一个特别的商业现象是（　　　）

　　A. 边看电视边上网聊天　　　　　　B. 边看电视边在网上买东西

　　C. 人们比以前更喜欢网购　　　　　D. 商场的生意越来越不好

5.《舌尖2》播出当天卖得最好的是（　　　）

　　A. 北京烤鸭　　　B. 雷山鱼酱　　　C. 四川腊肠　　　D. 龙口粉丝

6.《舌尖2》收获了8000万元的广告费，这个数额与冯氏电影比（　　　）

　　A. 更低　　　　　B. 更高　　　　　C. 差不多　　　　D. 差得多

7. 各商家都采取哪些方式来借助《舌尖2》获得商业利益？（　　　）

　　A. 插播广告　　　B. 设计LOGO　　C. 资助电商　　　D. 赞助节目

8. 在广告商眼中，《舌尖2》的商业价值为（　　　）

　　A. 至少600万元　　　　　　　　　B. 至少8000万元

　　C. 至少1.4亿元　　　　　　　　　D. 1.61亿元

9. 关于苏泊尔和四特酒，以下说法正确的是（　　　　）

　　A. 它们都是《舌尖2》的媒体合作伙伴

　　B. 苏泊尔、四特酒分别花了4399万元和4532万元成为《舌尖2》的合作伙伴

　　C. 苏泊尔、四特酒分别花了4532万元和4399万元成为《舌尖2》的合作伙伴

　　D. 它们向外界透露了与《舌尖2》的合作细节

10. 作者写这篇文章的目的是想说明（　　　　）

　　A.《舌尖上的中国》改变了人们的购买方式

　　B.《舌尖上的中国》证明了文化产业商机巨大

　　C.《舌尖2》比《舌尖1》有了更多的商业价值

　　D.《舌尖上的中国》的商业价值大于它的文化价值

三、围绕以下几个方面复述课文的内容。

1. 网民的反应。

2. 电商的反应。

3. 商家的行动。

综合练习

一、形象化口语练习

　　在口语中，有些表达方式很形象，复杂的意思因此变得容易理解了。例如，课文中的"这就是我的饭碗"里面的"饭碗"，表示"职业、行业"的意思。仔细体会这些词语的意思，然后做下面的练习。

1.读下面的对话，用自己的话解释黑体字的意思。

A：丽丽，你早毕业了吧？现在**吃哪碗饭**？

B：我在编剧本。

A：**这碗饭可不好吃**，费脑子！

B：是呀，但那也没办法，总不能在家里**吃闲饭**吧。你呢？

A：我？我原来在学校工作，倒是个**铁饭碗**，但我不喜欢。

B：那现在呢？

A：后来**下海**了，开了个小店。

B：赚了不少钱吧？

A：什么呀！开始还挣了点钱。现在生意不好，只能**吃老本**了。对了，你哥哥在做什么？

B：他呀，没做什么正经事儿，到处**混饭吃**！

2.读下面的句子，解释黑体字的意思。

（1）我现在是**上班族**，但也是**追星族**，天天看韩剧，花很多钱买韩国服装，所以变成了**月光族**。

（2）我身边的同学、朋友都在看韩剧，每天**挂在嘴边**的都是韩剧里的人名。

（3）所以，中国的文化产业还**有很长的路要走**。

（4）遇到挫折别泄气，人总是要**走一些弯路**的。

（5）什么**火烧眉毛**的事儿？这么一大早来找我帮忙！

二、选择下面的词语填在横线上。

趋势　　平衡　　风靡　　装饰　　前所未有　　不可思议

利益　　宣传　　传播　　期待　　一如既往　　赞助

1.这样的好人好事我们应该好好_____，让大家都知道。

2.圣诞节就要到了，爸爸买了圣诞树打算好好_____一下家里。

3. 我们做事应该从大局出发，首先考虑集体的＿＿＿＿＿＿＿＿＿。

4. 足球是一项＿＿＿＿＿＿＿＿＿世界的运动。

5. 无论你遇到什么事情，我都会＿＿＿＿＿＿＿＿＿地支持你。

6. 北京奥运会得到了很多企业的＿＿＿＿＿＿＿＿＿。

7. 我很＿＿＿＿＿＿＿＿＿你明天精彩的演出。

8. 考试从未及格过的小敏这次居然拿了 80 分，真是＿＿＿＿＿＿＿＿＿的事！

9. 依你看，这件事情的发展＿＿＿＿＿＿＿＿＿会是怎样的？

10. 真是太＿＿＿＿＿＿＿＿＿了，A 队竟然在半决赛中战胜了 B 队。

三、听录音，请根据录音内容选择正确答案。

1. 关于赵敏，以下说法正确的是（　　　）

    A. 她最近身体不太好　　　　　B. 她去了另一个公司上班

    C. 她自己正在办公司　　　　　D. 她常常去百货公司买东西

2. 男的是什么意思？（　　　）

    A. 不会回答　　　　　　　　　B. 这个问题有点难

    C. 这个问题太好笑　　　　　　D. 这个问题太简单

3. 从他们的谈话中我们知道什么？（　　　）

    A. 老李用了十年前的药　　　　B. 女的嗓子还是不舒服

    C. 这个牌子的药一直很好　　　D. 女的买的药比较便宜

4. 男的认为女的怎么样？（　　　）

    A. 应该把头发染成蓝色　　　　B. 不应该喜欢蓝色

    C. 头发颜色太夸张　　　　　　D. 喜欢引起别人注意

5. 女的是什么意思？（　　　）

    A. 我们一起去看电影吧　　　　B. 很难买到那部电影的票

    C. 那部电影不怎么受欢迎　　　D. 那部电影的确很受欢迎

6. 男的是什么意思？（ 　　 ）

　　A. 中国文化产业出口多于进口 　　　B. 中国文化产业进口多于出口

　　C. 中国文化产业进口量越来越大 　　D. 中国文化产业出口量越来越大

7. 女的在火车站等了多长时间？（ 　　 ）

　　A. 半小时 　　　　 B. 一个小时 　　　 C. 两个小时 　　 D. 三个小时

8. 女的是什么意思？（ 　　 ）

　　A. 我不想说更多的信息 　　　　　 B. 你可以告诉我

　　C. 你应该保密 　　　　　　　　　 D. 我知道的很多

9. 女的是什么意思？（ 　　 ）

　　A. 男的还不想找女朋友 　　　　　 B. 男的不满意别人介绍的女朋友

　　C. 男的已经有女朋友了 　　　　　 D. 别人给他介绍的女朋友太少

10. 以下说法正确的有（ 　　 ）

　　A. 电视剧刚开始播第一集

　　B. 网络上是看不见这个电视剧的

　　C. 男的已经没有机会再看到这个剧了

　　D. 男的昨天晚上没看这个剧

四、听一段对话录音，完成下面的练习。

1. 判断下面的句子是否符合原文的意思。

（ 　　 ）（1）张艺谋已经做了二十年导演了。

（ 　　 ）（2）张艺谋对自己的电影都不满意，尤其是《代号美洲豹》和《摇啊摇，摇到外婆桥》。

（ 　　 ）（3）观众们喜欢谈论张艺谋的电影。

（ 　　 ）（4）张艺谋认为他的电影既是艺术片也是商业片。

（ 　　 ）（5）以前一个城市只有两三家电影院。

（　　　　）（6）张艺谋认为，"商业电影是以盈利为目的的"。

（　　　　）（7）张艺谋认为，"艺术电影也有一定的商业性"。

（　　　　）（8）张艺谋下一步准备拍一部历史题材的电影。

（　　　　）（9）张艺谋希望自己的下一部电影与上一部电影有所不同。

（　　　　）（10）现在有很多人准备给张艺谋投钱拍电影。

2. 回答下面的问题。

（1）张艺谋对自己的电影是怎么评价的？

（2）张艺谋觉得观众一直很喜欢他的电影的原因是什么？

（3）张艺谋认为他的电影属于什么样的电影？

（4）对于电影的艺术性和商业性，张艺谋有什么样的说法？

（5）张艺谋的下一部电影可能是什么题材的？

（6）张艺谋能够拍下一部电影的条件是什么？

（7）张艺谋对自己的电影的希望是什么？

五、听录音，回答下面的问题。

1. 女性选车的"大原则"是什么？

2. 自己购车的白领女性喜欢什么样的车？

3. 时下，女性购车有哪几种情况？

4. 自己赚钱买车的女性有什么特点？

六、选择一个题目，写一篇演讲稿，并演讲给同学们听。

1. 中国的文化产业。

2. 我最喜欢的明星（或电影、电视剧、电视节目等）。

3. 我给文化产业提建议。

第三单元　创业故事

热身话题

1. 你想自己做老板吗？

2. 给老板打工和自己做老板这两个选择哪一个更好？为什么？

课文1

李想

新商务汉语听力与口语教程

下册

生词

点击率 diǎn jī lǜ	访问量 fǎng wèn liàng
网络 wǎng luò	泡沫 pào mò
盈利 yíng lì	挫折 cuò zhé
应届 yìng jiè	信任 xìn rèn
基础 jī chǔ	幸运 xìng yùn
忌讳 jì huì	恐惧 kǒng jù
狭窄 xiá zhǎi	现状 xiàn zhuàng
轻而易举 qīng ér yì jǔ	莫名其妙 mò míng qí miào

练习

一、请根据记者对李想的采访选择正确答案（可能不止一个正确答案）。

1. 李想创业最早是从什么时候开始的？（　　　）

A. 高中毕业　　　　B. 高一　　　　C. 高二　　　　D. 高三

2. 李想做个人网站是如何赚钱的？（　　　）

A. 通过广告　　　　　　　　B. 卖别人感兴趣的东西

C. 卖电脑　　　　　　　　　D. 卖数码产品

3. 李想为什么要找人合作？（　　　）

A. 他不懂技术　　　　　　　B. 他不懂销售

C. 他不懂完善网络的办法　　　D. 他没有资金

4. 李想为什么搬到北京？（　　　）

A. 因为没有足够的资金　　　　　B. 因为网络不好盈利

C. 因为没有客户　　　　　　　　D. 觉得石家庄没有发展前途

5. 以下说法正确的是（　　　）

A. 李想的第一桶金是为电脑杂志写稿得到的

B. 客户主动上门投放广告

C. 泡泡网是在北京成立的

D. 李想也曾遇到过很大的挫折

6. 李想选择的员工的标准可能是（　　　）

A. 在校的大学生

B. 没有进过大学的人

C. 通过工作可以找目标和方向的人

D. 对自己没有什么要求的人

7. 以下说法正确的是（　　　）

A. 家人曾经反对李想不上大学

B. 李想上初一时就有了自己的电脑

C. 李想和父母的沟通很好

D. 李想的父母对于他玩电脑曾经很头痛

8. 以下符合李想想法的是（　　　）

A. 自己是一个很傻的人

B. 重要的是现在和将来

C. 尽心尽力把每一件事情做好

D. 做事情既看重过程，也看重结果

9. 关于李想的爱好正确的选项是（　　　）

A. 没有爱好　　　　　　　　　　B. 爱好不是很广泛

C. 数码产品、汽车　　　　　　　D. 看书、打网球、写博客

10. 关于李想正确的选项是（　　　）

    A. 他不爱学习，所以没有上大学

    B. 他是一个专心做每一件事的人

    C. 他是一个很容易满足的人

    D. 他是一个乐观的人

二、在横线上填入你听到的内容。

① 创业，往往是_____与机会并存的。_____必须善于发现_____事物，并对新生事物有强烈的探求欲；必须敢于_____，即使没有十足把握，也应果断地尝试。生意场上，_____起了决定性作用。很多资金不多的小创业者，都是依靠准确抓住某个不起眼的_____而挖到"第一桶金"的。

② 市场经济刚起步时，_____特别多，好像做什么都能_____，只要你有足够胆量和_____。但如今每个行业每个领域都有人做，激烈的市场竞争宣告"_____时代"已经结束，取而代之的是"_____时代"。因此，创业机会必须要创业者自己发掘。

③ 读一读这两段内容。

④ 为这两段内容提供一个实例：比如某某人（公司、企业）……，在……时，……

三、根据课文内容讨论下面的问题。

1. 你认为李想是一位什么样的创业者？

2. 李想的成功是偶然的吗？为什么？

3. 你认为李想成功的原因可能还有哪些？

UNIT 3

第三单元　创业故事

热身话题

1. 你想自己做老板吗?

2. 给老板打工和自己做老板这两个选择哪一个更好?
   为什么?

课文2

陈春虹与她的"一杯水马桶"

下册

生词

精通 jīng tōng	授予 shòu yǔ
专利 zhuān lì	乐观 lè guān
推广 tuī guǎng	资料 zī liào
尝试 cháng shì	渠道 qú dào
合作 hé zuò	商家 shāng jiā
众所周知 zhòng suǒ zhōu zhī	千家万户 qiān jiā wàn hù
屡战屡败 lǚ zhàn lǚ bài	

练习

一、听录音，根据课文内容选择正确答案（可能不止一个正确答案）。

1. 以下说法正确的是（　　　　）

　A. 很多人都知道陈春虹的名字

　B. 没有人认为只要 6 升水就可以冲干净马桶

　C. 陈春虹认为一杯水就可以冲干净马桶

　D. 没有人认为一杯水可以冲干净马桶

2. "一杯水马桶"的发明者是（　　　　）

　A. 陈春虹　　　　B. 陈林长　　　　C. 陈春虹的父亲　　D. 她和父亲

3. 陈林长可能是个什么样的人？（　　　　）

　A. 农民　　　　B. 艺术家　　　　C. 老师　　　　D. 发明家

4.陈春虹辞去教师工作的原因是（ ）

A. 因为母亲去世 　　　　　　　　B. 因为父亲的反对

C. 因为父亲希望得到她的帮助 　　D. 因为她想帮助父亲实现理想

5.在上海陈春虹遇到了哪些困难？（ ）

A. 没有时间睡觉 　　　　　　　　B. 卖过报纸

C. 住得很不好 　　　　　　　　　D. 亲自上门安装马桶

6.陈春虹的"第一桶金"是怎样得到的？（ ）

A. 在上海成立了"义源"公司

B. 虹口区的政府购买了她公司的产品

C. 因为朋友购买了她的产品

D. 向产业园卖出了她们公司的产品

7."一杯水马桶"的销售渠道包括（ ）

A. 与政府机关合作 　　　　　　　B. 与医院、学校合作

C. 与广告商合作 　　　　　　　　D. 与房地产商合作

8.世博会上使用他们产品的场馆有（ ）

A. 生命阳光馆 　　B. 瑞典馆 　　C. 联合国馆 　　D. 通用汽车馆

9.以下说法正确的是（ ）

A. 2009 年陈春虹的公司出现了转机

B. 2009 年，陈春虹前往上海开拓市场

C. 2011 年，"一杯水"节水马桶在上海世博会被广泛使用

D. 2011 年，陈春虹的公司年销售额比上一年增长了两倍

10.你认为陈春虹的成功原因有哪些？（ ）

A. 因为有好的机会

B. 因为她的勇敢坚持

C. 因为她的不断努力而最终得到了机会

D. 因为朋友的帮助

二、请以"陈春虹的创业故事"为题，发表演讲。

提示：她是一个什么样的人，如何开始创业的，经历哪些困难，最后得到哪些成功及荣誉。

三、向大家介绍一个你熟悉的创业故事。

综合练习

一、在中国因地域广大、民俗各不相同，问候语、祝福语也是多种多样的，它们会因时间、地点、场合、对象的不同而不同。

（1）请为下面的这些问候语和祝福语选择使用它们的时间、地点、场所或对象。

1. 您早！

2. 吃了吗？

3. 您买菜去了？

4. 您贵姓？

5. 好久不见了，现在工作怎么样？

6. 旗开得胜，马到成功。

7. 比翼双飞，白头偕老。

8. 福如东海，寿比南山。

9. 这衣服哪儿买的，真好看。

10. 各位大虾，我初来乍到，请多多包涵。

使用的时间、地点或对象：

A. 遇到了不知道的问题，在网上发出请求帮助时。

B. 同学毕业两三年后再见面时。

C. 爷爷奶奶过 70 岁生日时。

D. 你走出居住的单元时，看见邻居提着菜从外面回来。

E. 第一次和一个陌生的人见面交谈。

F. 你的朋友第二天要去参加一个重要公司的面试。

G. 早晨，遇到的认识的人和不认识的人。

H. 你的朋友的婚礼上。

I. 偶然遇到一个你想和她交谈认识一下的人。

J. 吃饭时间，遇到了较熟悉的人。

（2）同学之间互相讨论一下，在中国你还听到过哪些打招呼和祝福的话，怎么用？

二、为下面的句子选择合适的词语填空

打理　　客流量　　性价比　　亏损　　一窍不通

专利　　代理商　　渠道　　精英　　众所周知

1. 我学的是国贸专业，对历史方面的问题可是＿＿＿＿＿＿＿。

2. 农产品的销售＿＿＿＿＿＿＿如果不畅通的话，会直接影响到农民的利益。

3. 我长年在外地工作，家中的一切都是妻子＿＿＿＿＿＿＿的。

4. 我想成为贵公司在我国的＿＿＿＿＿＿＿，请问需要什么条件？

5. 诚信是＿＿＿＿＿＿＿的经商秘诀。

6. 你为自己的发明申请＿＿＿＿＿＿＿了吗？

7. 你可别小看了她，她可是我们学校的＿＿＿＿＿＿＿呢。

8. 每当春节来临，北京西客站的_____是平时的数十倍。

9. 买国产手机吧，只有国产手机的_____是最高的。

10. 经过拓展市场，我公司今年的_____有所降低。

三、听句子录音，请根据句子内容填空。

1. 普通老百姓都喜欢（　　　）的商品。

2. 要想提高企业的（　　　），降低生产成本是一条有效的途径。

3. 中国政府为了（　　　）就业压力，采取了从多方面扩大（　　　）渠道的措施。

4. 目前中国稳定的社会和优越的投资环境对外国公司很有（　　　）。

5. 只要公司所有的员工都（　　　），公司一定能成功地战胜眼前的危机。

6. 跨国企业（　　　）了我们培养的很多优秀管理人才和技术人才。

7. 中国实现现代化是几代中国人（　　　）的理想。

8. 在现代社会，如果一个公司的管理模式保守、落后，（　　　）会被市场淘汰。

9. 很多人羡慕（　　　）的生活方式和工作环境。

10. 实现中华民族（　　　）是中华民族近代以来最伟大的梦想。

四、听录音，根据内容选择正确答案（可能不止一个正确答案）。

1. 关于"创业"，他的看法是（　　　）

　　A. 通过给老板打工，可以积累到经验

　　B. "创业"需要的是技术经验

　　C. 通过给老板打工，可以找到机遇

　　D. 按传统的想法创业成功的机会不多

2. 作者认为什么样的人更适合创业？（　　　）

　　A. 重视创业，但不在乎成功不成功的人

B. 想创业，并且一定要成功的人

C. 善于思考的人

D. 善于行动的人

3. 作者认为什么样的人不适合创业？（　　　）

A. 用很多时间寻找好项目的人

B. 有知识有经验的人

C. 愿意在实践中锻炼自己的人

D. 不愿意学习、了解新知识的人

4. 作者认为快递行业的发展说明什么？（　　　）

A. 机会很多，但不容易被发现

B. 机会很少，有准备的人才能发现

C. 机会很多，你发现不了

D. 机会很多，能看到未来的人才能发现

5. 决定一个项目好坏的原因是（　　　）

A. 你是不是会脚踏实地地做下去

B. 能不能被消费者接受

C. 你的设想是不是够宏伟

D. 是不是可以在很短时间里就赚到钱

6. 下面符合作者观点的是（　　　）

A. 创业不需要很多经验，只要敢想就可以

B. 善于行动比善于思考更适合创业

C. 善于发现新生的事物对创业更有利

D. 不怕失败，坚持到底创业才能成功

五、听录音，判断下面句子是否正确地表达了原文的意思。

（　　　）1. 创业的人中大部分是高中学历。

（　　　）2. 48% 的人创业资金不到 10 万元。

（　　　）3. 创业的人中一半以下的年龄不到 35 岁。

（　　　）4. 创业者中男性的比例高于女性。

（　　　）5. 创业时，性别对选择行业没有影响。

（　　　）6. 调查发现，大部分创业者的创业是经过失败才取得成功的。

（　　　）7. 导致创业失败的主要因素有管理不善、资金周转不善、项目选择错误。

（　　　）8. 接受调查的创业者有 15% 的人平均每天读书 1~2 小时。

（　　　）9. 75% 的创业者以工作需要为读书目的。

（　　　）10. 创业者最喜欢阅读的是历史人物传记类的图书。

六、口语训练（两人一组）。

请参考下面的提纲，用采访的方式了解被采访者关于创业的想法？

1. 了解对方关于创业的认识和想法（例如：什么才是创业？）。

2. 了解对方所在国家的创业者的一些情况（例如：年龄、行业、政策等）。

3. 了解对方想不想创业？为什么？

七、语言实践活动。

在老师指导下分为两人一组，用你们感兴趣的内容，设计出采访目的、采访对象、采访问题。然后开展北京街头的随机采访并提供视频资料。

第四单元　商务谈判

热身话题

1. 说说你的一次讨价还价的经历。

2. 你认为在谈判时，最重要的事情是什么?

3. 在谈判前，都需要做哪些方面的准备?

课文1

投其所好

下册

生词

迎合 yíng hé	接触 jiē chù
策略 cè lüè	推销 tuī xiāo
僵持 jiāng chí	协会 xié huì
热衷 rè zhōng	样品 yàng pǐn
绝招 jué zhāo	赏识 shǎng shí
投其所好 tóu qí suǒ hào	远近闻名 yuǎn jìn wén míng
想方设法 xiǎng fāng shè fǎ	决不罢休 jué bù bà xiū
相见恨晚 xiāng jiàn hèn wǎn	穷追不舍 qióng zhuī bù shě
哭笑不得 kū xiào bù dé	

练习

一、听录音，根据课文内容判断正误

（　　）1. 迪吧诺公司非常有名。

（　　）2. 10 年来，迪吧诺公司附近的一家大型饭店从没有向它订购过面包。

（　　）3. 迪吧诺先生是迪吧诺公司的创始人。

（　　）4. 迪吧诺先生想尽了各种办法向这家饭店推销自己的面包，始终没有成功。

（　　）5. 迪吧诺先生是美国饭店协会的会员。

（　　）6. 迪吧诺先生通过参加饭店协会向这家饭店的经理推销自己的产品。

（　　）7. 饭店的采购负责人不明白迪吧诺用了什么办法促成了合作。

（　　）8. 迪吧诺听了采购组负责人的话，感觉很伤心。

二、听录音，根据内容选择正确答案（可能不止一个正确答案）。

1. 为了促成合作，迪吧诺做了哪些工作？（　　）

　　A. 每天去拜访这家饭店的经理　　　　B. 与他们进行了很多次的推销谈判

　　C. 参观这家酒店　　　　　　　　　　D. 免费入住这家酒店

2. 以下说法正确的是（　　）

　　A. 迪吧诺下决心要改变与饭店谈判僵持的局面

　　B. 迪吧诺下决心再次与饭店谈判

　　C. 迪吧诺觉得工作太辛苦了

　　D. 迪吧诺决定休息一段时间后再进行谈判

3. 什么样的发现对迪吧诺有很大的帮助？（　　）

　　A. 这家饭店是美国饭店协会的会员

　　B. 饭店的经理现在是美国饭店协会的会长

　　C. 饭店的经理以前是美国饭店协会的会员

　　D. 饭店的经理热衷于成为美国饭店协会的会长

4. 迪吧诺是怎样与饭店经理谈判的？（　　）

　　A. 向饭店推荐他们公司的面包

　　B. 没有提到面包销售方面的事情

　　C. 向美国饭店协会推荐他们的面包

　　D. 参加了美国饭店协会

5. 饭店的采购部门给迪吧诺打去电话，让他送什么？（　　）

　　A. 面包的样品　　　　　　　　　　　B. 订购的面包

C. 面包的价目表　　　　　　　　D. 一些面包的图片

6. 迪吧诺的成功让酒店的采购负责人（　　）

A. 意料之中　　　B. 很高兴　　　C. 不可思议　　　D. 很生气

7. 这个故事给我们启示有哪些？（　　）

A. 坚持原来的想法　　　　　　　B. 善于改变自己的爱好

C. 善于改变策略　　　　　　　　D. 善于抓住对方的兴趣点

三、说一说："如今只是对他关心的事表示关注而已，却发生了 180 度的转变。"这句话的意思是？具体谈谈迪吧诺又是怎样做到的？

第四单元　商务谈判

UNIT **4**

热身话题

1. 说说你的一次讨价还价的经历？

2. 你认为在谈判时，最重要的事情是什么？

3. 在谈判前，都需要做哪些方面的准备？

课文2

准备谈判

让步 ràng bù	双赢 shuāng yíng
消耗 xiāo hào	禁忌 jìn jì
供货商 gōng huò shāng	采购商 cǎi gòu shāng
优惠 yōu huì	苛刻 kē kè
底细 dǐ xì	暗示 àn shì
方案 fāng àn	协商 xié shāng
妥协 tuǒ xié	误区 wù qū
无足轻重 wú zú qīng zhòng	把握 bǎ wò
知己知彼，百战不殆 zhī jǐ zhī bǐ, bǎi zhàn bú dài	

一、听录音，根据录音内容选择正确答案（可能不止一个正确答案）。

1. 谈判态度是根据什么来决定的？（　　　）

A. 谈判时间的长短　　　　　　　B. 谈判结果的重要性

C. 谈判对象的重要性　　　　　　D. 谈判内容的重要性

2. 如果谈判对象对企业很重要，而谈判结果对公司不重要，需要采用什么样的心态进行谈判？（　　　）

A. 让步　　　　　B. 友好合作　　　　C. 积极竞争　　　　D. 无所谓

3. 如果谈判对象和结果对企业都很重要，需要保持什么样的心态进行谈判？
（　　　）

    A. 让步　　　　　B. 友好合作　　　C. 积极竞争　　　D. 友好竞争

4. 以积极竞争的态度参与谈判的前提条件是？（　　　）

    A. 谈判对象对企业不重要，谈判结果对企业也不重要

    B. 谈判对象对企业很重要，谈判结果对企业不重要

    C. 谈判结果对企业很重要，谈判对象对企业也很重要

    D. 谈判结果对企业很重要，谈判对象对企业不重要

5. 谈判时，需要了解谈判对手的哪些情况？（　　　）

    A. 此次谈判的目的　　　　　　　B. 对方公司的文化

    C. 谈判人员的爱好　　　　　　　D. 谈判对手的习惯和缺点

6. 采购谈判中作为供货商，需要（　　　）

    A. 了解其他与我们竞争的供货商的情况

    B. 了解其他可能与我们合作的采购商的情况

    C. 降低我们的价格

    D. 选择其他采购商合作

7. 在谈判中为什么要准备多套谈判方案？（　　　）

    A. 因为这样不至于被对方带入误区

    B. 因为谈判中常常不能坚持最初的意愿

    C. 因为一套谈判方案可能存在误区

    D. 这样谈判的结果一般不会超出自己预计的范围

8. 下面哪一项的内容与听到的内容是不相符的？（　　　）

    A. 谈判结果一般都是双方最初拿出的那套方案

    B. 双方在谈判中都希望通过最终对自己有利的方案

    C. 谈判中应该最先拿出最不利的方案

    D. 谈判结果一定是双方经过谈判、妥协、变通后的全新方案

二、听录音，根据课文内容填空。

1. 在商业活动中＿＿＿＿＿＿＿＿，因而我们不能用一种态度对待所有的谈判。

2. 如果＿＿＿＿＿＿＿对企业不重要，谈判结果＿＿＿＿＿＿＿，可以取消这样的谈判。

3. 在了解谈判对手时，必须要了解的方面是＿＿＿＿＿＿＿。

4. 如果对手提出更加苛刻的要求，我们＿＿＿＿＿＿＿，让对手知道，我们是知道底细的。

5. 在谈判中，谈判结果肯定不是双方最开始拿出的那套方案，而是＿＿＿＿＿＿＿。

6. 谈判时，防止被对方带入误区的最好的办法是＿＿＿＿＿＿＿。

三、听完录音，你认为在谈判时还需要做的准备有哪些？请列举几点并说明重要性。

综合练习

一、拒绝、委婉、转移话题的相关练习。

在生活中，工作中，有时一种意思可能需要不同的表达方式，比如有些词语和句子不适合直接说出来，否则会显得不礼貌或者不合时宜，这个时候就要用委婉表达的方法，也就是说换一种表达方式，让听话方更容易接受。其次，当你想拒绝对方，又不想伤害对方时，也需要换一种说法来表达。另外，当你遇到尴尬的话题时，是不是也可以用一些方式巧妙地来个转移呢？

有些词语有较固定的委婉表达，例如：死——去世、走了；生病——不舒服；上厕所——方便一下；最常用的主要方法是：

1. 换一些字词

例如：A：你是个瞎子，就别一起去了。

　　　B：你的眼睛不方便，就别一起去了。

2. 换一种句式

例如：A：你回去吧！

　　　B：你先回去，好吗？

做下面的练习：

1. 下面这些句子中有委婉表达，请说出它们是要表达什么意思？这样表达有什么作用？

（1）他是一个那么有才华的音乐天才，却过早地写下了生命的休止符。

（2）你的个人问题怎么样了？要不要我给你介绍一个？

（3）这次进攻之后，敌人的枪炮全都变成哑巴了。

（4）我家又买了台电视机，你能不能帮我把那台旧的处理掉？

（5）有些新生儿是先天畸形，一些医生认为不一定要像对待别的健康婴儿那样对待他们。

2. 把下面的句子，用委婉的方式重新表达出来。

（1）你想回家去学习？那不行！

（2）我讨厌这个城市。

（3）他的衣服太难看了！

（4）我在睡觉，你干吗那么大声地说话？

（5）你患了重病，还是在医院躺着吧！

3. 看看下面这些句式可以用在什么样的场合，并在下面的语言练习中试一试。

（1）可以是可以，不过贵公司可否考虑按代理条件供应我们。

（2）对此，我们不敢苟同。

（3）这倒是可以商量。

（4）我们原则上接受，但不得将产品销往第三国。

（5）这个嘛，我们还得考虑考虑……

（6）您这样说未免太绝对了。

（7）谁说的？

（8）咱们先把这个问题放在一边……

（9）一味靠降价来争夺市场也不是个办法。

（10）话说回来，我们对于购买贵公司的产品是有很大诚意的。

二、选择下面词语填在横线上。

让步（让一步）　　样品　　双赢　　协商　　误区

方案　　妥协　　供货商　　知己知彼　　想方设法

1. 谈判中，双方都会_____地为自己的公司争得最大的利益。

2. 因为人们对保险的认识上还有_____，以至于影响了保险行业的正常发展。

3. 我公司的_____，都是国际知名的大企业，能确保产品的质量。

4. 如果我们合作成功，可以说是一个_____的选择。

5. 关于数量问题，我们可以再_____，但是价格不能再降了。

6. 在价格上，我们双方再各_____，82 元成交，怎么样？

7. 安东，你写的营销_____通过董事会的讨论了吗？

8. 谈判中，产品的质量标准是原则问题，决不能有任何的_____。

9. 做生意，只有做到_____才能百战不殆。

10. 这是我公司产品的_____，请检测一下是否符合贵公司的要求。

三、听十个句子，判断下面的句子与原句的意思是否相符。

（　　）1. 我们已经与这家公司谈判成功。

（　　）2. 那家公司很有发展潜力。

（　　）3. 我们公司的五个分公司所负责的事情都不一样。

（　　）4. 这家公司在技术、服务、员工管理方面都是很不错的。

（　　）5. 我们公司是有很长历史的私营企业，一向很被人们信赖。

（　　）6. 这家日本公司的工作效率很高。

（　　）7. 这次谈判让我对中国人的性格有了很深入地了解。

（　　）8. 我们双方都希望合作成功，但这个愿望不一定能实现。

（　　）9. 谈判过程中使对方让步而自己不让步的人才是胜利者。

（　　）10. 他不是一个称职的员工。

四、听录音，根据录音内容回答问题。

1. 他们这次价格谈判的结果是什么？

答：_____。

2. 为什么最后男的决定批发那种款式的牛仔裤？

答：_____。

3. 总经理认为孙经理是个什么样的人？

答：_____。

4. 为什么家家电器公司生产的小型洗衣机跟他们生产的一样？

答：_____。

5. 刘经理决定批发绿叶公司的西服吗？

答：_____。

6. 经理为什么责备小李？

答：_____。

7. 李洪是什么时候开始了解跟美国人谈判的技巧的？

答：_____。

8. 小刘他们去上海谈判的结果怎么样？

答：_____。

五、综合训练。

（一）你代表一家医疗器械销售公司与某家大型医院洽谈业务，其中一款设备报价是 800 元，你可以将价格降到 720 元成交，因此你谈判的空间是 80 元。你会用什么样的方法让出这 80 元，又使对方对最后的价格满意。下面是几种常见的让步方式，你会选择哪一种，请说明理由。

A. 开门见山，直接让出 80 元的利润

B. 循序渐进，先让出 5 元，如果对方继续讨价还价，再依次逐步增加，如 5 元，10 元，15 元，20 元……

C. 始终如一，每次给对方降低的价格都是 20 元

D. 先大后小，先让出比较多的价格比如 40 元，再依次降低，如 40 元，20 元，15 元，5 元……

（二）听录音，回答下列问题。

（1）专家如何评价第一种让步方式？为什么？

（2）采用第二种让步方式，为什么会造成对方的反感？

（3）为什么说第三种让步方式也是不可取的？

（4）第四种让步方式是如何促成交易双赢的？

（三）与你的语言伙伴试一试用以上四种方法对降低价格展开谈判。

六、模拟谈判练习。

二或四人一组，甲方：服装公司市场部的工作人员。

乙方：商场招商部的工作人员。

内容：甲方代表的服装公司的新品牌想要进驻商场，于是双方就以下的一些问题需要展开谈判。

1. 关于商铺的面积。

2. 租用商铺的费用。

3. 合同的签订期限。

4. 服务人员的配备。

5. 其他需要商议的事项。

要求：

注意谈判中要涉及以下情况的表达：

1. 拒绝别人的要求。

2. 不同意别人的看法。

3. 提出自己的看法。

4. 坚持己见。

5. 做出让步。

第五单元　风险控制

UNIT 5

热身话题

1. 风险是什么？在生活中、创业中存在哪些风险？

2. 风险能控制吗？一般会怎么处理风险？

3. 在你的国家，你听说过一些关于投资风险的俗语或故事吗？

课文1

鸡蛋与篮子

生词

损失 sǔn shī	监控 jiān kòng
相关性 xiāng guān xìng	正收益 zhèng shōu yì
波动 bō dòng	分散 fēn sàn
盲目 máng mù	结实 jiē shi
坚持不懈 jiān chí bù xiè	喋喋不休 dié dié bù xiū
依次类推 yī cì lèi tuī	无动于衷 wú dòng yú zhōng

练习

一、听录音，根据课文内容判断正误

（　　）1. "鸡蛋与篮子"的理论提出时间可能是 1999 年。

（　　）2. 把鸡蛋放在相同的篮子里，遇到风险时，你一定会全部都损失。

（　　）3. 马克维茨认为：关注投资组合的总体回报比关注单个投资更重要。

（　　）4. 降低总体收益所面临的风险，是鸡蛋必须放在不同篮子里的主要目的。

（　　）5. 如果把全部家产投在一项资产上，就会在市场面前变得不堪一击。

（　　）6. 巴菲特与马克维茨的观点是完全相反的。

（　　）7. 根据《财富》杂志报道，分散投资能够让你成为亿万富翁。

（　　）8. 作者认为应该首先看自己有多少个鸡蛋。

（　　　）9. 如果有好的篮子，"我"可能会借别人的鸡蛋放在里面。

（　　　）10. 作者认为他的这种投资理论是最有道理的。

二、听录音，根据课文内容选择正确答案（可能不止一个正确答案）。

1. 关于"鸡蛋和篮子"的理论，下列说法正确的是（　　　）

A. "篮子"代表的是你的资产

B. "鸡蛋"代表的是你的投资方向

C. 是诺贝尔经济学奖获得者马克维茨提出来的

D. 这个理论可以分散投资风险

2. 马克维茨认为，"篮子"之间的关系应该是（　　　）

A. 相关性不低　　　B. 相关性不高　　　C. 没有关系　　　D. 有较大的关系

3. 鸡蛋放在不同的篮子里可以（　　　）

A. 加大投资的风险　　　　　　　　B. 减少投资的风险

C. 使投资没有风险　　　　　　　　D. 集中投资的风险

4. 关于1000美元的投资，说法不正确的有（　　　）

A. 只要将这1000美元完全投资在股票上，很可能会带来损失

B. 如果将这1000美元投资在一个多样化的投资组合上，很可能会带来收益

C. 用这个例子来说明鸡蛋必须放在不同的篮子里

D. 无论将这1000美元如何投资，都会带来正收益

5. 巴菲特的投资理论是怎样的？（　　　）

A. 认为应该把鸡蛋放在不同的篮子里

B. 是最科学的投资理论

C. 和大多数投资者的投资理论是相同的

D. 不同于马克维茨的投资理论

6. 巴菲特认为分散投资可能会（　　　）

A. 降低了投资的收益率　　　　B. 对资金充足的人不适用

C. 投资没有目的性　　　　　　D. 不能获得最大的收益

7. 按照巴菲特的理论资金有限的人，应该选择下列哪一种投资方式？（　　　）

A. 把所有的鸡蛋放在一个篮子里

B. 把所有的鸡蛋放在不同的篮子里

C. 把资金和精力集中在一个理财产品或项目上

D. 把资金分散在不同的理财产品或项目上

8. 以下说法正确的是（　　　）

A.《财富》杂志认为分散投资可以获得巨大财富

B. 巴菲特是分散投资进入亿万富翁组织部的投资者之一

C. 巴菲特认为应该坚持不懈地投资于某一种理财产品

D.《财富》杂志认为很多投资者喜欢说谎

9. 作者只关注的两只"篮子"是（　　　）

A. 房产和股票　　　　　　　　B. 股票和直销

C. 保险和基金　　　　　　　　D. 民间借贷和期货投资

10. 作者最后说出他的投资理论是什么样的？（　　　）

A. 不要把所有的鸡蛋放在一只篮子里

B. 要把所有的鸡蛋放在不同的篮子里

C. 把所有的鸡蛋放在最好的篮子里

D. 把多出的鸡蛋放在最好的篮子里

三、复述练习。

请用"资金"和"投资项目"复述出作者的投资理论是什么？

第五单元 风险控制

UNIT 5

热身话题

1. 风险是什么？在生活中、创业中存在哪些风险？

2. 风险能控制吗？一般会怎么处理风险？

3. 在你的国家，你听说过一些关于投资风险的俗语
   或故事吗？

课文2

李嘉诚的三大法宝

生 词

蔓延 màn yán	缩水 suō shuǐ
市值 shì zhí	萧条 xiāo tiáo
盈利 yíng lì	危机 wēi jī
遵循 zūn xún	倒闭 dǎo bì
互补 hù bǔ	负债 fù zhài

练 习

一、听录音，根据课文内容选择正确答案（可能不止一个正确答案）。

1. 李嘉诚对他的公司依然充满信心时，面对的是什么样的现实？（ 　　 ）

    A. 香港进入了冬季　　　　　　　B. 全球出现了经济危机

    C. 许多投资者出现较大的亏损　　D. 他自己公司的股票市值降低

2. 李嘉诚应付经济大萧条的第一个办法是（ 　　 ）

    A. 加大投资　　　　　　　　　　B. 减少贷款

    C. 持有大量现金　　　　　　　　D. 购买国债

3. 以下符合李嘉诚观点的是（ 　　 ）

    A. 一家公司有盈利，便不会破产

    B. 一家公司有盈利，也可能会破产

    C. 公司有现金流，就不容易倒闭

    D. 公司有现金流，也可能会倒闭

4. 李嘉诚的核心业务包括

    A. 港口、地产　　　B. 零售、能源　　C. 交通、电讯　　D. 批发、酒店

5. 李嘉诚应付经济大萧条的第二个办法是（　　　）

    A. 加大投资房地产和酒店　　　　　B. 在不同的行业进行投资

    C. 投资的行业之间有互补性　　　　D. 投资在能源和电讯行业

6. 行业互补的意思可能是（　　　）

    A. 不同的行业都能得到快速的发展

    B. 不同的行业都得不到快速发展

    C. 一个行业快速发展时可以带动另一个行业的发展

    D. 不同的行业在发展中有快有慢，相互平衡

7. 李嘉诚应付经济大萧条的第三个办法是（　　　）

    A. 企业没有债务　　　　　　　　　B. 把企业债务控制在一定的百分比

    C. 稳定经营　　　　　　　　　　　D. 不用过多考虑企业的负债率

8. 关于香港的"四大天王"以下说法正确的是（　　　）

    A. 他们是香港的四个歌星　　　　　B. 他们都是做过房地产生意

    C. 他们拥有上百个公司　　　　　　D. 他们公司的负债比例很低

二、听录音，请根据课文内容回答问题。

1. 李嘉诚是一位什么样的企业家？

2. 李嘉诚面对经济危机时的态度是什么？

3. 请用自己的语言简述一下李嘉诚能够渡过经济危机的三大法宝。

三、讨论。

如果在生活中你要开始贷款买房子（创业），你会考虑到哪些因素来规避可

能出现的危机?

综合练习

一、关于"比喻句"的练习。

通过比喻句表达的效果很明显：它可以把抽象的变得形象，把陌生变得熟悉，把深奥变为浅显。使你的语言表达更加形象、生动。

常用的比喻句有三种格式。

1. 由比喻词"好像"，"像……一样""……似的"构成。

2. 由判断动词"是"字构成。

3. 没有比喻词的比喻句。

正确的比喻方式是：

把 A 事物比喻成 B 事物，A、B 两事物之间有相似点，但 A、B 不能是同一类型的事物。比如，人和人不能形成比喻，人和物可以形成比喻。

1. 辨析下面的句子哪些是比喻句？表达上有什么特点？

（1）天冷极了，寒风刮在脸上像刀割一样

（2）谈判是一场没有硝烟的战争。

（3）罪犯像狐狸一样狡猾。

（4）香港经济也进入了寒冬。

（5）书是打开知识宝库的钥匙。

（6）祖国是我们的母亲。

（7）金融风暴席卷了全球，带来了经济的大萧条。

（8）他像妈妈一样聪明、能干。

（9）一个人只是大海中的一滴水。

（10）我们的爱情像百合花一样纯洁、美丽。

2. 将下列词填入横线，使句子构成比喻句

绿地毯　　眼睛　　小船　　飘带　　航空母舰

金子　　　海洋　　老师　　蚂蚁　　长龙

（1）星星像孩子的＿＿＿＿＿＿＿＿一眨一眨的。

（2）听了这个消息，他急得像热锅上的＿＿＿＿＿＿＿＿。

（3）弯弯的月亮像一只＿＿＿＿＿＿＿＿挂在夜空中。

（4）字典是不开口的＿＿＿＿＿＿＿＿。

（5）这条公路很长很长，就像一条长长的＿＿＿＿＿＿＿＿一直伸向天边。

（6）节日的北京，就像人的＿＿＿＿＿＿＿＿。

（7）小姑娘有一颗＿＿＿＿＿＿＿＿一样的心。

（8）长城像一条＿＿＿＿＿＿＿＿。

（9）至此，米其林组建了航行于中国轮胎市场的＿＿＿＿＿＿＿＿。

（10）春天的江南大地仿佛铺上了一块＿＿＿＿＿＿＿＿。

二、选择下面的词语填在横线上。

监控　　结实　　波动　　盈利　　无动于衷

蔓延　　盲目　　互补　　市值　　缩水

1. 我和我爱人的性格正好＿＿＿＿＿＿＿＿，我好静，他好动。

2. 面对经济危机的到来，所有的企业家们都不可能＿＿＿＿＿＿＿＿。

3. 没有目的、不了解情况，＿＿＿＿＿＿＿＿的投资是很危险的。

4. 股票市场的不正常＿＿＿＿＿＿＿＿，引起了证监会的注意。

5. 专家分析，赛卡病毒不会大面积的在全球＿＿＿＿＿＿＿＿传播。

6. 新建的大桥非常_____，几吨重的运输车都能顺利通过。

7. 一次错误的_____，往往会给企业带毁灭性的打击。

8. 校园里安装了_____设备，你只要去保卫处查一下就可以找到线索了。

9. 我开了一家小店，在我的努力下，现在已经开始有_____了。

10. 2002 年 Rare 被微软以 3.75 亿美元收购，_____大幅增长。

11. 纯棉衣服穿着很舒服，但洗后容易_____，所以要买大一点的。

三、听录音，根据对话内容选择正确答案。

1. A. 她不能够回答这个问题。　　　　B. 她觉得没有什么风险。　　（　　）

　　C. 她觉得投资股票风险大。　　　　D. 她觉得投资期货风险大。　（　　）

2. A. 向朋友借钱。　　　　　　　　　B. 向父母借钱。　　　　　　（　　）

　　C. 向银行贷款。　　　　　　　　　D. 他自己有足够的钱。　　　（　　）

3. A. 刚开始卖得很好，但后来情况不太好。　　　　　　　　　　　（　　）

　　B. 刚开始卖得不好，但后来情况很好。

　　C. 一直卖得很好。

　　D. 一直卖得不好。

4. A. 因为微波炉的辐射很厉害。　　　　　　　　　　　　　　　　（　　）

　　B. 因为微波炉的质量很差。

　　C. 因为生产这种微波炉的厂家很不出名。

　　D. 因为生产这种微波炉的厂家名声不好。

5. A. 王红公司的产品没有李刚公司的产品质量好。　　　　　　　（　　）

　　B. 王红公司的产品没有李刚公司的产品名气大。

　　C. 王红对自己公司的产品没有信心。

D. 王红对李刚公司的产品没有信心。

6. A. 小张的口才很好。　　　　　　B. 小张是一个很努力的人。　（　　）

C. 小张不适合做销售工作。　　　D. 小张是个很优秀的员工。

7. A. 她非常了解风险投资这个行业，但对金融证券不太了解。　（　　）

B. 她非常了解金融证券这个行业，但对风险投资不太了解。

C. 她对这两个行业都非常了解。

D. 她对这两个行业都不了解。

8. A. 今年的销售量和利润都比去年提高了。　（　　）

B. 今年的销售量和利润都比去年下降了。

C. 今年的销售量上升了，但利润下降了。

D. 今年的销售量下降了，但利润上升了。

9. A. 她认为这些销售人员说服别人购买他们的产品的方式太单一。　（　　）

B. 她认为有些销售人员对消费者的态度过于热情。

C. 她认为应该学习这些销售人员的推销方法。

D. 她很少碰到这样的销售人员。

10. A. 因为他们公司有很多销售人才。　（　　）

B. 因为他们的产品质量很好。

C. 因为他们的服务很好。

D. 因为他们公司的产品价格很低。

四、听一段话，请根据内容判断下列句子是否正确。

（　　）1. 风险投资论坛主要关注的领域是桥梁建造。

（　　）2. 参加风险投资论坛的既有企业也有投资者。

（　　）3. 来到论坛的企业都希望能在论坛中得到风投资金。

（　　）4. 不能促进环保的企业在论坛中会一无所获。

（　　）5. 论坛的历史已经有十年了。

（　　）6. 有将近一百家企业和投资者在论坛中合作成功。

（　　）7. 山姆公司今年带到论坛的项目是地毯项目。

（　　）8. 山姆公司曾获得了 500 万美元的资金。

（　　）9. 第一个被介绍的项目是生态旅游。

（　　）10. 这是风投论坛会议上主持人的讲话。

五、听说训练。

下面你将听到的是由四个人表演的一个小品的实况录音，小品的名字叫《股票市场有风险》。请根据听到的内容，做以下的练习。

人物:（根据出场的顺序）来福（男）　B 先生　美丽（女）　C 先生　讲述人（男）

（一）根据他们的对话内容回答下面的问题。

1. 来福买的股票出现了什么问题?

2. B 先生买的股票怎么样了?

3. B 先生和来福之间存在着什么关系?

4. 美丽和来福是什么关系?

5. C 先生和来福之间可能存在的关系是什么?

6. 根据讲述人介绍，系统风险包括几个方面?

7. 根据讲述人介绍，非系统性风险包括几个方面?

8. C 先生告诉来福应该怎样规避风险?

9. 来福认为他有什么错误?

10. 美丽还会让来福炒股吗? 为什么?

11. 利率和证券价格之间的关系是什么?

12. B 先生为什么买了黄金公司的股票?

13. 牛市和熊市各指的是什么？

（二）根据听到的内容，复述练习。

1. 复述出系统风险包括的几个方面，各是什么及规避的方法。（第一方面是……；第二方面是……）

2. 根据听到的内容，解释一下这个风险是指什么？（……风险是指……）

3. 试着讲一讲什么是"牛市"和"熊市"？（……是指……）

4. 复述出非系统风险的五个方面各是什么？讨论一下规避的方法。

六、语言实践。

走出课堂，选择一家证券市场，了解一下股市营业的时间，进入股市的流程是什么？或者采访一下股民，了解中国股民的组成、日常生活以及他们对规避风险的方法和做法等，然后再带采访资料到课堂介绍给同学们。

第六单元　金融产品

UNIT **6**

热身话题

1. 谈一谈你知道的金融产品有哪些?

2. 互联网金融产品你了解吗?

课文1

你买黄金了吗?

新商务汉语听力与口语教程

下册

生 词

闭市 bì shì	保值 bǎo zhí
增值 zēng zhí	升值 shēng zhí
涨跌幅 zhǎng diē fú	盎司 àng sī
变现 biàn xiàn	鉴定 jiàn dìng
通货膨胀 tōng huò péng zhàng	小试身手 xiǎo shì shēn shǒu

练 习

一、听录音，根据课文内容判断正误。

（　　）1. 凌先生这两年一直在炒股炒房，现在买了一些纸黄金。

（　　）2. 凌先生在 8 月 24 日买了两万多块钱的纸黄金。

（　　）3. 最终，凌先生的第一笔纸黄金投资赚了 1600 块钱。

（　　）4. 凌先生所从事的工作对他投资纸黄金很有帮助。

（　　）5. 由于投资黄金的人逐步增多，一些地方的金条交易甚至卖断了"货"。

（　　）6. 因为近年来国内的通胀压力不断加大，所以黄金投资才会受到追捧。

（　　）7. 吸引人们购买黄金的一大因素是黄金的保值和增值的功能。

（　　）8. 业内人士建议，理财新手可以先拿纸黄金来练练手。

（　　）9. 凌先生觉得黄金价格会在短期内升值迅速，可以考虑购买。

（　　）10. 凌先生准备一个月以后，再购买更多的纸黄金。

二、听录音，选择正确的答案（可能不止一个正确答案）。

1. 目前，国内黄金投资可以分为哪两大类？（　　　）

   A. 实物黄金和记账黄金　　　　　　B. 纸黄金和记账黄金

   C. 金条和纸黄金　　　　　　　　　D. 金币和黄金首饰

2. 实物黄金的主要用途是？（　　　）

   A. 投资　　　　　B. 保值　　　　　C. 应急　　　　　D. 增值

3. 下列关于纸黄金业务，说法错误的是（　　　）

   A. 可以在银行开设黄金账户和资金账户进行交易

   B. 通过现金交易购买黄金

   C. 由商业银行进行管理

   D. 根据需要，随时可以卖出纸黄金

4. 为什么说纸黄金的交易更为简单便利？（　　　）

   A. 因为纸黄金不需要鉴定成色

   B. 因为纸黄金更方便携带

   C. 因为纸黄金的交易过程中，没有实物黄金的提取等行为

   D. 省略了黄金实物交易的操作过程

5. 对于北京的大多数普通家庭来说，拥有十盎司的黄金可以（　　　）

   A. 可以达到中级黄金储备目标

   B. 应对一切金融风险和通货膨胀

   C. 可以达到初级黄金储备目标

   D. 可以抵抗普通的金融风险

6. 关于下列几个北京人的藏金计划，说法正确的是（　　　）

   A. 张先生购买了 7 万元的黄金，所以他达到了初级储备计划

   B. 李女士拥有不到 300 盎司黄金，她完成了高级藏金计划

   C. 小李有 2 枚 5 盎司的金币，他觉得自己达到了初级黄金储备目标

D. 高先生共拥有 55 盎司金币，所以他达到了中级藏金计划

7. 专家提醒，进行黄金投资要注意（　　　）

　　A. 黄金投资有风险

　　B. 投资纸黄金比投资实物黄金风险小

　　C. 个人炒金者应选择金店购买黄金

　　D. 投资者要有较强的心理承受能力

8. 通过金店购买黄金，更看重的是黄金的什么价值？（　　　）

　　A. 装饰价值　　　　B. 投资价值　　　　C. 收藏价值　　　　D. 保值价值

二、听完录音，请你简要叙述一下凌先生买黄金的经历。

第六单元　金融产品

热身话题

1. 谈一谈你知道的金融产品有哪些?

2. 互联网金融产品你了解吗?

课文2

金融界的新思维——余额宝

新商务汉语听力与口语教程

下册

生 词

基金 jī jīn	扬言 yáng yán
颠覆 diān fù	收益率 shōu yì lǜ
取缔 qǔ dì	悬念 xuán niàn
脉络 mài luò	
大张旗鼓 dà zhāng qí gǔ	不屑一顾 bù xiè yí gù
财大气粗 cái dà qì cū	大喜过望 dà xǐ guò wàng
一席之地 yì xí zhī dì	

练 习

一、听录音，根据课文内容选择正确答案（可能不止一个正确答案）。

1. 下面关于余额宝所带来的影响说法正确的有（　　　）

　　A. 使天弘基金成为规模仅次于华夏基金的基金公司

　　B. 天弘基金的资产管理规模达到 1100 亿元

　　C. 引起了各大网络公司的羡慕

　　D. 激起了网络公司投身金融的极大兴趣

2. 华夏基金推出的网络金融产品的名字是（　　　）

　　A. 活期乐　　　　B. 余额宝　　　　C. 活期宝　　　　D. 活期通

3. 在余额宝取得成功之前，各基金公司对待"互联网金融"的态度是（　　　）

　　A. 很重视　　　B. 看不起　　　　C. 不知道　　　　D. 觉得不重要

4. "互联网金融"的主要销售对象是（　　　）

　　A. 普通老百姓　　　　　　　　　B. 使用手机的客户

　　C. 玩游戏的人　　　　　　　　　D. 网络公司

5. 余额宝正式上线的时间是哪一天？（　　　　）

　　A. 2013 年 6 月 27 日　　　　　　B. 2016 年 3 月 17 日

　　C. 2013 年 6 月 11 日　　　　　　D. 2013 年 6 月 17 日

6. 余额宝是第几只互联网基金？（　　　　）

　　A. 第三只　　　　　B. 第一只　　　　　C. 第十只　　　　　D. 未提及

7. 余额宝上线之后，取得的成绩有哪些？（　　　　）

　　A. 短短几十天，余额宝吸引了 60 亿元资金

　　B. 受到 25 万客户的喜爱

　　C. 吸引的资金规模发展很快

　　D. 规模已经达到 2000 亿元

8. 资产管理规模排名第一的基金公司是哪一家？（　　　　）

　　A. 天弘基金　　　　B. 天空基金　　　　C. 华夏基金　　　　D. 嘉实基金

9. 对于余额宝的成功，着急的是谁？（　　　　）

　　A. 各大基金公司　　　　　　　　B. 有流量的网站

　　C. 银行的小储户　　　　　　　　D. 各大银行

10. 余额宝与银行相比，它的优势都有哪些？（　　　　）

　　A. 更快的交易方式　　　　　　　B. 存款的收益率更高

　　C. 有大量的小储户　　　　　　　D. 更灵活的买卖安排

11. 其他基金公司货币基金规模的增长，给银行带来的威胁是（　　　　）

　　A. 流失了大量的活期存款　　　　B. 瓜分了余额宝的份额

　　C. 存款利率高于银行 12 倍　　　　D. 银行变得越来越少

12. 作者对"互联网金融"的未来发展之路，持有怎样的态度？（　　　　）

　　A. 反对　　　　　B. 乐观　　　　　C. 不明确　　　　　D. 悲观

二、按照时间顺序，将下列余额宝事件进行排序。

A. 超半数用户通过手机操作余额宝。

B. 央视新闻评论员钮文新称：余额宝已成第二个央行。

C. 余额宝突然出现"暂无收益"引发恐慌。

D. 支付宝宣布推出"余额宝"。

E. "余额宝"因违规被令备案，但未被叫停。

F. 银行扎堆推出类余额宝产品。

G. 网民余额宝里 4 万元资金不翼而飞。

H. 支付宝回应央视吸血鬼指责：余额宝利润仅 0.63%。

I. 工行等推出银行版升级"余额宝"。

J. 余额宝规模突破 1000 亿元。

K. 银联携手基金叫板余额宝。

三、通过听录音和你自己的理解，请用自己的话，具体谈一谈以余额宝为首的"互联网金融"，到底是什么样子的？

综合练习

一、关于问句特殊用法的练习。

常见的问句特殊用法有两种，反问句和设问句。

（一）反问句。

反问句是用问句的形式表达肯定或否定的意思。比较一下 A、B 两个句子的不同：A. 你是王芳吗？（是 / 不是）B. 你不是王芳吗？（她是王芳）

反问句的特点：①不需要对方回答。②在表达时可以加强语气，更明确地表达自己的想法。反问句通常由用反问词"难道"、"怎么"、"这么"及语气词"吗"、"呢"等构成。

区别一个问句是疑问句还是反问句很重要。只有明确它是反问还是疑问，才能正确地理解句子的意思，否则，可能得出完全相反的结论。

1. 将下列反问句改为陈述句：

（1）难道这个情况我会不知道？

（2）难道我有这么笨吗？

（3）你不觉得这样做不对吗？

（4）你怎么能这样做呢？

（5）难道我们能浪费时间吗？

（6）你们怎能破坏环境呢？

（7）难道你的上司不赏识你吗？

（8）这本书难道不是你的？

（9）如果我们也能像水滴那样，有什么事情做不成呢？

（10）朝这个方向走，不是越走越远吗？

【注】反问句改陈述句的一般方法：

1. 将句中的肯定词改为否定词，或将否定词改为肯定词．即有"不"去"不"；无"不"加"不"。

2. 将句中的反问语气词（怎、怎么、难道等）去掉。

3. 将句末的疑问助词（呢、吗等）去掉，问号改为句号。

2. 将下列陈述句改为反问句：

（1）这个方案是我们办公室的陈工做的。

（2）我们不能被困难吓倒。

（3）这些树叶就是从这棵树上飘落下来的。

（4）网络丰富多彩，让我们大家恋恋不舍。

（5）我们应该相信自己的眼睛。

（6）犯了错误不敢承认，这不是一个诚信企业应有的行为。

（7）没有比锻炼身体、增强体质更重要的事了。

（8）地球是人类的母亲，生命的摇篮。

（9）多学些知识不是坏事。

（10）我们不能被困难吓倒。

【注】陈述句改为反问句的一般方法：

1. 将肯定句中的肯定词（是、能、会等）改为否定词（不是、不能、不会等）。

2. 将否定句中的否定词（不是、不能、不会等）改为肯定词（是、能、会等）。

3. 在肯定词或否定词前面加上"怎、怎么、难道、岂"等反问语气词。

4. 句尾加上疑问助词"呢、吗"等，句末的句号改为问号。

（二）设问句。

设问句是一种自己问自己答的形式。主要作用是既能引起听者的注意，又能让听者同时思考问题，同意自己的观点。例如：

1. "使用信用卡仅是为了不带现金出门吗？不一定。但是，信用卡的确给消费者带来了很多方便与实惠。"

2. "银行不收利息，是不是会亏本呢？当然不会。"

3. 天下竟有这样的好事？当然有！

请用设问句，为下面的几个话题设计一个开头。

1. 最珍贵的记忆

2. 幸福

3. 理想

4. 最难忘的事情

二、选择下面的词语填在横线上。

基金　　扬言　　积蓄　　　　悬念　　　一席之地

颠覆　　收益率　　理财　　　升值　　　小试身手

1. 随着智能手机的广泛使用，许多传统的商业模式必将再现_____性的改变。

2. 中国足球要在世界足坛占有_____，必须经过几代人的不断努力。

3. 我行的理财产品种类丰富，既有_____，国债等常规产品，也有纸黄金，贵金属等新型业务。

4. 这套火情预警监测系统在丽江古城_____，取得了很不错的市场反响。

5. 地铁年底就通车了，这个小区的楼盘肯定_____。

6. 那个公司_____，它们不会轻易退出中国市场的。

7. 谁能最终得到50%以上的选民的支持，目前还是个_____。

8. 69岁的退休教师拿出所有的_____，捐给地震灾民。

9. 这支股票的_____怎么样？我想买进一些。

10. 互联网上越来越多的_____产品，受到了很多年轻投资者的欢迎。

三、听录音，将互联网平台与它们推出的产品连接起来，并写出各产品的大概收益。

互联网	产品	七日年化收益
苏宁	余额宝	_____
陆金	零钱宝	_____
百度	现金宝	_____
支付宝	元宵理财	_____
网易	理财通	_____
支付宝二代	陆金宝	_____
微信	百发	_____

四、听十个句子，判断下面的句子是否正确的表达了原句的意思。

（　　）1. 巴菲特十年间净赚 100 亿美元的原因是，可口可乐公司的国际业务飞速发展。

（　　）2. 五年间，段永平在美国炒股赚到的钱比他在国内做企业的收入多得多。

（　　）3. 1989 年杨百万将 5 万元投入股市，在两年内，资金增加到了 20 万元。

（　　）4. 网友"落升"用炒股赚来的 400 多万元，又买了一套别墅和一辆奔驰。

（　　）5. 20 世纪 80 年代末，受日元升值的影响，日本人把钱都投资到了国内的房地产。

（　　）6. 民生银行于 2007 年以 6.83 亿元、2008 年以 2.04 亿元入股美国联合银行，最终拥有其 20% 的股份。

（　　）7. 曾志伟和女儿购买了很多雷曼公司的股票，最终连本钱都赔进去了。

（　　）8. 上汽集团通过收购韩国双龙 48.92% 的股权，进入了世界 500 强。

（　　）9. 微软公司放弃收购的原因是比其预期的收购价格每股高出了 4 美元。

（　　）10. 巴菲特曾经花了大价钱购买美国航空公司的优先股，但是投资不成功。

五、听三段关于互联网金融产品的调查统计，将听到的数据填到横线上。

（一）年轻人和中高收入者是主要使用群体。

尽管互联网金融起步仅短短_____时间，但已渗透进居民的生活。这次调查显示，_____的受访者表示购买或使用过互联网金融产品和服务。从年龄看，_____受访者中，近_____使用过互联网金融，高出平均水平_____。从个人收入水平看，月收入_____的受访者中，有_____使用过互联网金融，高出平均水平_____。年轻人和中高收入者是使用互联网金融的主要群体。

（二）受访者普遍认为互联网金融有优势。

在购买或使用过互联网金融产品的受访者中，有_____认为互联网金融产品和服务与传统银行业务相比具有优势，仅_____认为没有优势。有_____的受访者认为互联网金融产品流动性强，可随时支取；_____认为缴费、充值等产品和服务内容较好地满足了日常生活需要；_____认为网络平台交易方便快捷。

（三）最关心权益保护和资金安全。

当问及目前互联网金融产品和服务存在哪些弊端和不足时，在购买或使用过互联网金融产品的受访者中,有 ＿＿＿＿ 认为"尚无明确监管,用户权益缺乏保障",＿＿＿＿＿ 认为是"网上交易资金安全存在隐患",＿＿＿＿＿ 认为是"互联网金融机构的资金风险防控能力不足"。

六、语言实践。

结合自己的理解,通过查阅相关资料,试着给大家介绍一种你感兴趣的金融产品,介绍内容包括购买渠道、收益、优劣势分析、注意事项,等等。

UNIT **7**

第七单元 中国经济

热身话题

1. 你认为哪些现象可以表示人们生活水平的提高?

2. 在你的国家,人民生活处于一个怎样的水平?

3. 在你的国家,城市和农村的生活质量哪个更高?

课文1

中国的经济建设

生 词

抉择 jué zé	奇迹 qí jì
大幅 dà fú	短缺 duǎn quē
外汇 wài huì	储备 chǔ bèi
差距 chā jù	摆脱 bǎi tuō

人均国民生产总值（GDP）（rén jūn guó mín shēng chǎn zǒng zhí）

人均国民总收入（GNI）（rén jūn guó mín zǒng shōu rù）

练 习

一、听录音，根据课文内容选择正确答案（可能不止一个正确答案）。

1. 中国的改革开放是从（　　　）年开始的。

　　A. 1978　　　　　B. 1979　　　　　C. 1980　　　　　D. 1981

2. 1978 年至 2012 年间，世界经济增长速度在年均（　　　）左右。

　　A. 9.8%　　　　　B. 2.8%　　　　　C. 3.9%　　　　　D. 3.3%

3. 1986 年，中国国内的生产总值是（　　　）

　　A. 2645 亿元　　　B. 1 万亿元　　　C. 518942 亿元　　D. 2 万亿元

4. 根据听到内容，2002 年中国国内生产总值大概是（　　　）

　　A. 2 万亿元　　　B. 1 万亿元　　　C. 10 万亿元　　　D. 12 万亿元

5. 2007 年中国国内生产总值大概是（　　　）

A. 超过 10 万亿元　　　　　　　　B. 超过 20 万亿元

C. 超过 30 万亿元　　　　　　　　D. 超过 40 万亿元

6. 2006 年末，中国的外汇储备（　　　）

A. 超过 100 亿美元　　　　　　　B. 超过 1000 亿美元

C. 达到 10663 亿美元　　　　　　D. 超过了 10000 亿美元

7. 课文中提到，中国用什么方式大大提高了生产力水平？（　　　）

A. 引进国外的技术　　　　　　　B. 引进国外的资金

C. 引进国外的人才　　　　　　　D. 引进国外的管理经验

8. 中国对外开放进入一个新的阶段的标志是（　　　）

A. 中国拥有巨额外汇储备　　　　B. 中国加入世界贸易组织

C. 中国成为世界第二大经济体　　D. 中国外贸总额位居全球第二

9. 将下面数字与相关的经济发展联系起来（　　　）

① 9.8 万公里　　② 9.62 万公里　　③ 9356 公里　　④ 58958 万吨

A. 粮食产量　　　　　　　　　　B. 高速公路里程

C. 铁路营运里程　　　　　　　　D. 高铁运营里程

10. 根据世界银行的分类和 2012 年中国人均 GDP 的数量，中国可能已经位于（　　　）的行列。

A. 低收入国家　　　　　　　　　B. 中下收入国家

C. 中上收入国家　　　　　　　　D. 高收入国家

二、仿造例句，用下面的句式说一句话。

1. 中国政府**作出**了改革开放的伟大历史抉择，**开启了**中国经济社会发展的历史新时期。

……**作出**……（抉择、选择、决定），**开启了**……（时代、时期、篇章）

造句：＿＿＿＿＿＿＿＿＿＿＿＿＿＿＿＿＿＿＿＿＿＿＿＿＿＿＿＿＿

2. **通过**发展对外贸易，**引进**国外的资金、技术和管理经验，中国大大**提高了**生产力水平，**缩小了**与发达国家的差距。

通过……，……提高了……，缩小了……

……通过……，提高了……，缩小了……

造句：_____

3. 2001 年，中国加入世界贸易组织（WTO），**标志着**中国对外开放进入一个新的阶段。

……，标志着……

造句：_____

4. **随着**经济的发展，中国人的收入**也**在不断增长，**进入** 21 世纪后，中国**就**已经摆脱了低收入国家的行列。

随着……，也……，进入……，就……

造句：_____

三、和同学们谈一谈：在你的国家，最近二十年的经济建设取得了哪些成就？

UNIT 7

第七单元　中国经济

热身话题

1. 你认为哪些现象可以表示人们生活水平的提高?

2. 在你的国家,人民生活处于一个怎样的水平?

3. 在你的国家,城市和农村的生活质量哪个更高?

课文2

中国人的生活水平

生 词

衡量 héng liáng	指标 zhǐ biāo
奢侈品 shē chǐ pǐn	改善 gǎi shàn
别墅 bié shù	新颖 xīng yǐng
充饥 chōng jī	潮流 cháo liú
款式 kuǎn shì	覆盖 fù gài
应有尽有 yīng yǒu jìn yǒu	安居乐业 ān jū lè yè
耳目一新 ěr mù yī xīn	

练 习

一、听录音，根据内容判断下列说法是否正确。

（　　）1. 恩格尔系数（Engel's Coefficient）是指日常生活用品消费的支出占家庭总收入的比例。

（　　）2. 如果一个地区的恩格尔系数为 55%，说明这个地区已经进入小康。

（　　）3. 2012 年，中国的城镇和农村居民的恩格尔系数分别为 36.2% 和 39.3%。

（　　）4. 从 1978 年到 2012 年，中国城镇居民和农村居民的人均消费水平分别提高了 12.4% 和 12.3%。

（　　）5. 中国农村居民有彩色电视机、汽车等高档消费品的普及率较高。

（　　）6. 1978 年，中国的固定电话普及率是每 100 人 38 部。

（　　）7. 1978 年，手机还是少数中国人的奢侈品。

（　　）8. 2012 年末，中国的移动电话的普及率达到每 100 人 82.50 部。

（　　）9. 2012 年末，中国城镇居民家庭平均每百户拥有计算机 78 台。

（　　）10. 2012 年末，中国城镇居民家庭平均每百户拥有家用汽车超过了 20 辆。

二、根据录音的内容，回答下面问题。

1. 中国人在"住"方面有什么变化？

改革开放初期：

90 年代：

现在：

2. 中国人在"衣"方面有什么变化？

80 年代：

现在：

3. 中国人在"食"方面有什么变化？

50 年代：

现在：

4. 中国人在"行"方面有什么变化？

改革开放前：

80 年代以后：

90 年代：

现在：

三、听一段话，将中国的招商引资工作按时间进行排序。

A. 将沿海经济开放区扩展到北方沿海的辽东半岛、山东半岛，批准海南设立海南经济特区。

B. 开放 6 个沿江港口城市、13 个内陆边境城市和 18 个内陆省会城市，引资工作在广度和深度上都有了新的大发展。

C. 在深圳、珠海、厦门办经济特区，特区内对外商投资实行一些特殊优惠政策。

D. 开放上海、天津、大连、青岛、广州等 14 个沿海港口城市，开辟了几个沿海经济开发区，吸引外资开始加快。

_____

四、和同学们谈一谈。

1. 来中国以后，你从哪些方面能够感受到了中国人的生活水平？

2. 通过"衣食住行"等方面谈一谈你的国家人民的生活在最近十几年中经历了什么变化？

综合练习

一、阅读下面一段关于排比句的文字，然后做练习。

将句式相同或相似、语气一致、内容密切关联的一组句子或词组排列在一起，就是排比。排比句可以加强气势，使感情更加充沛，增强说理的逻辑性。正确地使用排比句是非常有助于情感的表达的。

（一）看看这几个排比句，体会其中表达的气势和情感。

1. 爱心是一片照射在冬日的阳光，使贫病交迫的人感到人间的温暖；爱心是一泓出现在沙漠里的泉水，使濒临绝境的人重新看到生活的希望；爱心是一首飘荡在夜空的歌谣，使孤苦无依的人获得心灵的慰藉。

2. 自从 2001 年 5 月 2 日中国政府正式向国际展览局提交在上海举办 2010 年世博会的申请书后，人们感到上海对外开放的步伐加快了，市政建设步伐加快了，人们的工作节奏加快了。

3. 中国申请和筹办世博会是一个向各国学习的国际化过程，是一个提升上海产业结构、提高市民素质的过程，也是让全世界了解中国的过程，让中国证明自己的经济实力的过程！

（二）做下面的练习。

1. 在下面的句子里填上适当的内容，使它们成为排比句。

1）美是什么？是＿＿＿＿＿＿＿＿＿＿，是＿＿＿＿＿＿＿＿＿＿，是＿＿＿＿＿＿。

2）奥运会可以促进＿＿＿＿＿＿＿＿，促进＿＿＿＿＿＿＿＿，促进＿＿＿＿＿＿＿＿的发展。

3）没有刻苦学习的精神，没有＿＿＿＿＿＿＿＿的志向，没有＿＿＿＿＿＿＿＿，是什么事情都办不好的。

2. 就下列话题说几段话，注意使用排比句。

我的祖国

幸福

思念

痛苦

家

二、选择下面的词语填在横线上。

奇迹　　外汇　　摆脱　　短缺　　衡量

改善　　新颖　　覆盖　　奢侈品　　安居乐业

1. 你的设计很_____，一定可以得到客户的欣赏。

2. 这可是市场上_____的商品，很不容易买到。

3. 法国拥有很多世界著名的_____品牌。

4. 我坚持每天进行体育锻炼，终于_____我的睡眠状况。

5. 在我的国家人民_____，幸福地生活着。

6. 无线信号全面_____，使北京的通信网络更加快捷方便。

7. 为了_____发展的困境，我们必须加快新产品的开发研究。

8. 诚信是_____一个人的道德的标准。

9. 长城是世界七大_____之一。

10. 买卖_____也是投资理财的方法之一。

三、听录音，回答下面的问题。

1. 在过去的 20 年里，中国经济保持了什么样的增长速度？

2. 亚洲"四小龙"包括哪四个国家和地区？

（1）　　　　　　　　　　　（2）

（3）　　　　　　　　　　　（4）

3. 亚洲"四小龙"的经济曾出现过什么问题？

4. 哪些因素既是中国面临的重大问题，也是中国经济进一步发展的空间？

首先：

其次：

最后：

5. 哪些因素决定中国经济是能够保持较高的增长速度的？

　　（1）

　　（2）

　　（3）

　　（4）

四、听一段演讲实况录音，根据听到的内容做出选择（可能不止一个正确答案）。

1. 下面四个选项，哪一个最接近演讲者的想法？（　　　）

　　A. 大学毕业，要找到一份工作很难

　　B. 因为大学生太多了，所以很难找到工作

　　C. 只要有心，工作的机会很多

　　D. 学历高的人比学历低的人更容易找到工作

2. 演讲人的第一份工作是（　　　）

　　A. 开门　　　　　　B. 保安　　　　　　C. 厨师　　　　　　D. 扶人下车

3. 演讲人的第二份工作机会是怎么得到的？（　　　）

　　A. 公司经理认为他能做

　　B. 因为他做工作不仅努力，而且有心

　　C. 因为他一直有个理想，想学厨师

　　D. 因为公司经理认为一个人应该有一门手艺

4. 当演讲人得到第二份工作时，他的心情是（　　　）

　　A. 紧张　　　　　　B. 兴奋　　　　　　C. 糊涂　　　　　　D. 不知怎么办好

5. 下面与第三份工作相符合的是（　　　）

　　A. 很顺利，一下子挣了很多的钱

　　B. 不顺利，没有挣到钱

C. 他是通过发名片和小广告挣到了钱

D. 通过发送名片，他得到客户，也增加了业务

6. 演讲人得到分公司经理的职位是因为（　　　）

　　A. 他不满足已经取得的成绩想继续发展

　　B. 分公司没有经理

　　C. 是老板让他做的

　　D. 他更喜欢经理的工作

7. 在他的管理下，那家分公司获得了什么样的成绩？（　　　）

　　A. 是全公司业绩最不好的公司

　　B. 业绩从全公司的第二名上升到了第一名

　　C. 业绩从全公司的最后几名上升到第一名

　　D. 是全公司业绩最好的分公司

8. 演讲人认为他成功的原因是什么？（　　　）

　　A. 他做好了别人做不好的小事

　　B. 他是生活中的有心人

　　C. 他做了别人丢掉的大事

　　D. 他比别人更擅长走路

五、口语训练。

如何开始你的演讲？

好的演讲一定是吸引听众的。因此，从第一句话开始，就要抓住听众的注意力。这些开篇方法是你在演讲时可以借鉴的。

1. 以一个有意思的故事开头。

例如：讲《诚实——人最可贵的品质》时，用《狼来了》的故事开头，吸引大家的注意力。听众听了这个故事后，就知道你要说什么了。

2. 以一个问句（设问句、反问句）开头。

例如：讲《诚实——人最可贵的品质》时，首先发问："什么是人类最可贵的品质？"引起大家的思考。

3. 以一个比喻开头。

例如：讲《个人与社会》时，这样开头："我们的社会是大海，我们就是大海中的一滴水。"用比喻的形象生动性吸引听众。

4. 以排比问句开头。

例如：讲《祖国》时，先来一连串问句，既能引起大家思考，又有气势："当你的祖国处于危险中时，你会怎么做呢？你会逃避吗？你会勇敢地回到你的祖国吗？你是会拿起武器，还是只会沉默和哭泣？"

5. 以一个现实生活的例子开头。

例如：讲《我们需要和平》时，开篇就举出一些战争事例，以大家都熟悉的例子来引起注意。

练习：使用上面介绍的方法，给下面的话题写一个开头（包括 3~5 句话）。

1. 我的爸爸

2. 我的爱好

3. 公共秩序

4. 企业文化

六、语言实践。

演讲

1. 中国人民的生活水平。

2. 中国人民衣食住行的变迁。

3. 中国的经济发展情况。

UNIT 8

第八单元　世界经济

热身话题

1. 最近几年里你的国家经济发展得怎样?

2. 你了解经济全球化吗? 举几个生活中的例子来说说。

3. 你认为各国之间的经济往来对国家的发展
有什么重要意义?

课文1

经济全球化与跨国公司

生词

公认 gōng rèn	名义 míng yì
组装 zǔ zhuāng	零件 líng jiàn
杰作 jié zuò	垄断 lǒng duàn
控制 kòng zhì	遵循 zūn xún
平衡 píng héng	完善 wán shàn
债务 zhài wù	冲击 chōng jī
东奔西跑 dōng bēn xī pǎo	顾名思义 gù míng sī yì
举足轻重 jǔ zú qīng zhòng	双刃剑 shuāng rèn jiàn
扬长避短 yáng cháng bì duǎn	

练习

一、听录音，根据课文内容判断正误。

( ) 1. 从经济的角度来看，世界如今变得越来越小了。

( ) 2. 消费者不用出国就可以买到更多的世界名牌产品了。

( ) 3. 在外国市场上中国商品不多见。

( ) 4. 什么是经济全球化目前还没有一个大家都认可的定义。

( ) 5. "经济全球化"的说法是在 20 世纪 90 年代才出现的。

( ) 6. 波音飞机不是美国制造的。

( ) 7. 欧洲多个国家参与研制生产了"空中客车"飞机。

（　　）8.小型产品一般不是由多个国家共同研制生产出来的。

（　　）9.没有人知道苹果手机和计算机的原产地在哪里。

（　　）10.经济全球化是通过各种经济资源在世界市场上的流动来实现的。

二、关于"跨国公司"，下面的说法正确的是（　　　）

1.跨国公司是利用本国的优势进行生产并获得最大利益的。

2.跨国公司发展加速了经济全球化的发展。

3.跨国公司通常在其他国家和地区设立子公司。

4.跨国公司的一举一动都会影响世界科技开发和贸易的发展。

5.跨国公司控制着世界上 30% 专利权、90% 的生产技术和 75% 的技术贸易

三、关于经济全球化，下面说法正确的是（　　　）

1.经济全球化使整个世界必须遵守同样的市场规则。

2.经济发达国家是全球化的最大受益者。

3.经济全球化使富国更富、穷国更穷了。

4.经济全球化能帮助发展中国家解决资金不足的问题。

5.经济全球化为发达国家带来了就业的机会。

6.经济全球化可能使发展中国家的金融风险增加。

7.经济全球化对发展中国家的民族工业没有影响。

8.经济全球化可能破坏发展中国家的生态环境。

9.经济全球化的发展是不会停止的。

10.发展中国家应该在经济全球化中扬长避短，获得发展。

四、根据课文内容回答下面问题。

1. 经济全球化的表现是什么？

2. 简单地说说经济全球化的发展过程。

3. 什么是跨国公司？它的经营目标是什么？

4. 跨国公司与经济全球化之间有什么样的联系？

5. 为什么对发展中国家来说经济全球化是一把双刃剑？

6. 经济全球化给发展中国家带来的机遇是哪些？挑战又是哪些？

五、课堂讨论。

1. 下面这些品牌的原产地是哪个国家，生产国又是哪些国家？

耐克　　阿迪达斯　　宜家　　可口可乐　　三星手机　　欧莱雅　　海尔

2. 美国福特公司的莱曼汽车，设计在德国，制动装置生产在韩国，燃油泵生产在美国，自动驱动器生产在加拿大，发动机生产在澳大利亚……一部整车生产从设计到装配涉及了8个国家。这反映了什么问题？

3. 你能再列举几个常见的全球化的产品吗？说说它们是哪个国家的品牌，分别产自哪个国家，为什么？

UNIT 8

第八单元　世界经济

热身话题

1. 最近几年里你的国家经济发展得怎样？

2. 你了解经济全球化吗？举几个生活中的例子来说说。

3. 你认为各国之间的经济往来对国家的发展有什么重要意义？

课文2

金砖国家（"BRICS"）

生 词

分界线 fēn jiè xiàn	划时代 huà shí dài
迥异 jiǒng yì	瞩目 zhǔ mù
危机 wēi jī	蔓延 màn yán
巨头 jù tóu	洗牌 xǐ pái
预测 yù cè	席卷 xí juǎn
放缓 fàng huǎn	比肩 bǐ jiān
姗姗来迟 shān shān lái chí	

练 习

一、听录音，根据课文内容选择正确答案（可能不止一个正确答案）。

1. 2009 年四国领导人聚会的地点是（　　　）

　A. 中国　　　　　　B. 俄罗斯　　　　C. 巴西　　　　　　D. 印度

2. 西方国家认为这次聚会（　　　）

　A. 是一次不重要的聚会

　B. 是一次将开创新时代的聚会

　C. 是一次来得有点晚的聚会

　D. 是一次有意义的聚会

3. 最早提出"金砖"一词的是（　　　）

　　A. 华尔街商人　　　B. 吉姆·奥尼尔　　C. 高盛　　　　　D. 金融界巨头

4. 投资报告预测 2050 年世界经济格局将（　　　）

　　A. 发生较小的变化

　　B. 旧的格局被打破，市场会重新分配

　　C. 不会发生变化

　　D. 会被几家企业占有

5. 金砖国家共包括（　　　）国家

　　A.3 个　　　　　　B.4 个　　　　　　C.5 个　　　　　　D.6 个

6. 金砖国家的地理范围包括（　　　）

　　A. 欧洲、亚洲　　　B. 北美、拉美　　C. 拉美、非洲　　D. 澳洲、非洲

7. 2008 年世界经济发生了什么？（　　　）

　　A. 美国由次贷危机引发了金融危机

　　B. 华尔街遭遇了狂风暴雨的袭击

　　C. 发生了全球性金融危机

　　D. 雷曼兄弟公司建立

8. 2008 年中国和印度的经济情况是（　　　）

　　A. 中国增长了 9.2%　　　　　　　B. 平均下降了 3.2%

　　C. 印度增长了 5.7%　　　　　　　D. 经济指标倒退了十年

9. 2010 年，发达经济体的平均增长率是多少？（　　　）

　　A.2.7%　　　　　　B.7%　　　　　　C.7.5%　　　　　　D.10.3%

10. 专家预计 2015 年金砖国家的国内生产总值与发达七国相比（　　　）

　　A. 有可能超过发达七国的水平

　　B. 不能超过发达七国的水平

　　C. 和发达七国的水平差不多

　　D. 远远超过发达七国的水平

二、根据课文录音，用自己的语言说一段话，介绍一下金砖国家。

介绍应包括：

1. 金砖国家是哪几个国家组成的？

2. 金砖国家分布在世界的哪几个洲？

3. 为什么用"金砖"这个词？

4. 金砖国家在经济发展上有什么特点？

5. 专业人士是怎样评价金砖国家的发展的？

三、谈一谈。

1. 你是从哪个国家来的？在你的国家这几年经济发展怎么样？

2. 除了"金砖国家"外，你了解"G7国家"是哪些国家吗？还听说过哪些类似的说法，在课堂上和大家讨论一下。

3. 想想看，经济全球化在你的国家有哪些具体的表现？

4. 你认为文化能全球化吗，为什么？

综合练习

一、名称缩写、简称的练习。

1. 在汉语中经常会把一些词语用它的英文单词首字母组成的缩写形式来代替，说起来也非常顺口，如：IT，即代表 information technology（信息技术）。

练习：请将下边的英文缩写与对应的中文名称连接起来。

全球定位系统	IAAF
联合国	U.N.(United Nations)
世贸组织	SMS
国际田径联合会	EXPO
对外经贸大学	CEO
国际足联	NBA
电子公告牌	GPS
一级方程式赛车	UIBE
短信系统	BBS
首席执行官	FIFA
世界博览会	F1
美国职业篮球联赛	WTO
七国集团	G7(Group of seven)

2. 汉语中还会用简单的几个词来代替较长的全称，请做练习，找找规律。

例如：

中华人民共和国——中国

美利坚合众国——美国

工商银行——工行

中国人民银行——央行

深圳发展银行——深发展

练习：试着说出下面简称的全称。

中信：

妇联：

教委：

足联：

世贸组织：

世博会：

海归：

二、选择下面的词语填在横线上。

双刃剑　　划时代　　顾名思义　　巨头　　蔓延

放缓　　　公认　　　举足轻重　　垄断　　遵循

1. 三星电子在上海世博中心为中国消费者带来了两款＿＿＿＿＿＿＿的新品手机 Galaxy S6 edge 和 Galaxy Note 5。

2. 在中国国内给导游小费一定要强调＿＿＿＿＿＿＿自愿的原则。

3. 欲望是一柄＿＿＿＿＿＿＿，它是世界上最宝贵的，又是世界上最令人烦恼的。

4. "海归"成为我国社会结构中＿＿＿＿＿＿＿的社会力量

5. 她可是我们班＿＿＿＿＿＿＿的汉语最好的学生。

6. 众所周知，企业竞争是不允许＿＿＿＿＿＿＿的。

7. 中国移动、中国联通、中国电信是中国电信行业的三＿＿＿＿＿＿＿。

8. 恐怖威胁到处＿＿＿＿＿＿＿，国家之间加强合作至关重要。

9. 金融危机带来了各国经济增速＿＿＿＿＿＿＿甚至下滑。

10. 拟音师，＿＿＿＿＿＿＿是指通过各种道具、肢体或者口技模拟出各种声音的职业。

三、听一段话，根据听到的内容填空。

1. 中国已经（　　　）加入世界贸易组织。

2. 加入 WTO 以后，中国会有更多机会参与世界（　　　）与（　　　）。

3. 加入 WTO 对中国的经济发展会产生（　　　）的影响。

4. 加入 WTO 后，很多产品的（　　　）机会会增加。

5. 加入 WTO 后，中国贸易量在世界上占的（　　　）会提高到 6.5%。

6. 加入 WTO 后，中国的企业将面临更加（　　　）的竞争。

7. 与发达国家的企业相比，中国的很多企业（　　　）发展水平不高。

8. 只有（　　　）经济制度，企业才能在激烈的国际竞争中生存并且发展。

四、听一段话，回答下面的问题。

1. 什么是"跨产业竞争"？

2. 请举出一些中国企业"跨产业竞争"的例子。

3. "跨产业竞争"的好处是什么？

4. 企业面对"跨产业竞争"，应该怎样做？

五、听录音，根据对话内容选择正确答案（可能不止一个正确答案）。

1. 以下哪一项是女人的观点？（　　　）

　　A. 中国企业很难赶超外国企业

　　B. 外国企业的到来给中国企业带来了很大的麻烦

　　C. 外国企业的到来会促进中国企业的发展

　　D. 中国企业在外国企业面前没有竞争力

2. 男的认为中国的企业面临什么问题？（　　　）

　　A. 很难在市场上发现有用的人才

　　B. 很难找到自己所擅长的业务

　　C. 业务会被外国企业抢走

　　D. 人才会被外国企业抢走

3. 男的为什么认为中国国内企业的人才会跳槽去外国企业工作？（　　　）

　　A. 外国企业的工资比较高

　　B. 外国企业的工作环境比较好

　　C. 外国企业的发展空间比较广阔

D. 外国企业较少淘汰员工

4. 女的认为国内企业怎样才能留住人才？（　　　　）

A. 提高工资   B. 提高职位

C. 提供更好的环境   D. 提供更好的资源

5. 以下哪一项不属于女的所说的中国企业赶超跨国企业的方法？

A. 中国企业要学习外国企业   B. 中国企业要增强实力

C. 中国企业要完善管理水平   D. 中国企业要增强竞争力

6. 女的认为国内企业赶超国外企业需要多长时间？（　　　　）

A. 需要一年的时间   B. 需要十年的时间

C. 需要很长的时间   D. 时间不会太长

7. 女的认为部分中国企业被淘汰，会给中国的市场带来什么影响？（　　　　）

A. 使中国的企业逐步丧失在中国的市场

B. 中国的企业会增加自己的数量

C. 有利于中国的企业赶超国外的企业

D. 有利于中国的市场走向良性的发展

8. 羽毛球馆几点闭馆？（　　　　）

A. 七点   B. 八点   C. 九点   D. 十点

9. 你认为男的和女的在哪些方面观点不一致？（　　　　）

A. 有一天外企人才会跳槽到中国企业

B. 淘汰没有竞争力的企业对中国市场的良性发展有好处

C. 提高工资就能留住人才

D. 今天干脆不要去打羽毛球了

10. 男的和女的这次见面的目的是（　　　　）

A. 讨论有关中国企业发展的问题

B. 讨论外国企业在中国会不会给中国企业带来压力

C. 去打羽毛球

D. 讨论国家大事

六、口语训练。

辩论，是一种双方用一定的理由来说明自己对事物或问题的见解，揭露对方的矛盾，以便最后得到正确的认识或共同的意见的说话形式。利用汉语进行辩论不仅可以练习你的汉语，还有助于你养成汉语言的思维习惯，使你的汉语更上一层楼。

（一）下面是辩论时的一些常用句式，和你的同桌充分讨论练习一下，看看这些句式在辩论时可以用在什么地方。

1. 我方的观点是……

2. 谢谢对方辩友，谢谢各位评委，……

3. 对方辩友有以偏概全之嫌。

4. 对方辩友，这是属于循环论证。

5. 对方辩友滔滔不绝，只可惜前提错了。

6. 对方辩友没有办法解决我所说的问题，所以选择了回避。

7. 请您正面回答，不要再乾坤大挪移。

8. 对方辩友的逻辑很有趣。

9. 对方讲的是……，这一点我们并非反对，可问题是……

10. 对方辩友既然说……就是……那么我就请问……你们怎么解释呢?

11. 暂且不说……本身……再退一步……

12. 对方辩友搞错了，……恰恰是反映了……

13. 请对方辩友不要给我们今天的辩题加上一个定语，今天的辩题是……而不是……

14. 按照对方辩友的逻辑……

15. 对方辩友不要回避问题，您所说的……，与我们所讨论的题目离了不止万里。

16. 我方已经从逻辑、理论、事实上证明了我方的观点，而对方辩友还死抠着个例不放，是不是有点说不过去？

17. 对方辩友请不要将概念混淆。

18. 我对对方辩友所提出的观点表示无法接受……，这样荒谬的逻辑我们能接受吗？

19. 对方辩友不要再逃避问题了，回到眼前的问题中。

20. 既然对方辩友不喜欢谈……那我们谈谈……

（二）可选择的类别（仅供参考）。

1. 辩论开始或结束时：

2. 指出对方观点错误时：

3. 说明己方的观点时：

4. 转移辩论主题时：

5. 强调我方的观点时：

七、语言实践。

辩论题目：

1. 正方："经济全球化对发达国家有利，对发展中国家不利。"

反方："经济全球化对发达国家有利，对发展中国家也有利。"

2. 正方：大学生就业应该选择大城市。

反方：大学生就业不应该选择大城市。

准备：4 人一组，确定一辩手、二辩手、三辩手和四辩手

辩论流程及要求

（一）开场表演

1. 根据自己的辩论题目表演一个小品（5 分钟）。

（二）立论

3. 正方一辩陈述立论。（2~3分钟）

4. 反方一辩陈述立论。（2~3分钟）

（三）陈述说明

5. 反方二辩实例举证，讲一个故事，说明本方的观点。（2~3分钟）

6. 正方二辩实例举证，讲一个故事，说明本方的观点。（2~3分钟）

（四）半自由辩论

5. 正方接受反方三辩提出的四个问题。（3~5分钟）

6. 反方接受反方三辩提出的四个问题。（3~5分钟）

注意：四个问题中，要求三辩回答2个问题，一辩二辩各回答一个问题。

（五）自由辩论

7. 反方向正方提问。（5分）

8. 正方向反方提问。（5分）

注意：①每次提问不超过10秒，每次回答不超过20秒。回答方不得以任何形式向对方提问。攻辩双方必须正面回答对方问题，提问和回答都要简洁明确。

②一方发言完毕落座后另一方才可起立发言，不得中途打扰对方发言。

（六）结辩

9. 正方四辩总结陈词。（2~3分钟）

10. 反方四辩总结陈词。（2~3分钟）

录音文本

第一单元 体育商机

课文1 你应该找时间锻炼一下

（电话铃声）

赵民：喂，您好。

孙燕：您好，请问是赵民吗？

赵民：对，是我，你是孙燕吧，好久没联系了。

孙燕：是呀，咱们工作都太忙了。刚才我往你办公室打电话，你不在，你的助理说你身体不太舒服，到底怎么了？

赵民：最近总是头疼、失眠、全身无力，昨天去医院，被医生诊断为神经衰弱，给我开了一堆药，还让我在家休息几天。

孙燕：啊？怎么会这样？上大学的时候，你可是我们班身体最强壮的，还是我们学校篮球队的主力呢。

赵民："好汉不提当年勇"，现在不行了，身体状况越来越差，精神也远不如以前了。

孙燕：哎，赵民，你到底怎么了，是不是当上销售部经理以后，天天参加宴会，喝酒吸烟把身体搞坏了？

赵民：你是知道的，我很少去参加宴会，从来不喝酒，也没有烟瘾。

孙燕：那你为什么身体越来越差？这样下去可不行。这样吧，叫娜娜给你做点儿好吃的，你好好儿休息一下。

赵民：娜娜……我很久没有和她联系了。

孙燕：是吗？你们分手了吗？你是不是因为娜娜才把身体搞坏的？

赵民：也许吧。另外，我觉得工作压力太大了。

孙燕：你们公司经营得很好，还能有什么压力？难道你担心被老板炒鱿鱼吗？

赵民：这倒不用担心，可是我担心其他很多事情，比如我们部门的生产情况、销售情况、管理情况等等。我的生活也失去了规律，有时工作到晚上十二点多。

孙燕：你总是那么辛苦，压力那么大，这样下去对身体可不好。

赵民：我也清楚，可是无可奈何啊。

孙燕：昨天我爸爸买了一本杂志，我看了，上面介绍了一种缓解压力的方法。

赵民：有什么好方法？

孙燕：那上面说，缓解压力最好的办法不是睡觉，也不是工作偷懒，更不是暴饮暴食，方法只有一个，那就是——体育锻炼，你应该每天找时间锻炼一下！

赵民：你说得对，可是我已经完全没有时间锻炼身体了。

孙燕：那你向我学习吧，每天晚饭后出门散半个小时的步，边走边听音乐，就会忘记工作的事情了。

赵民：我很久没有散步了。中国有句俗语："饭后百步走，活到九十九。"好，我听你的。

孙燕：还有，我和我哥哥每周三晚上都去打羽毛球，你也来加入我们吧。

赵民：我真的很想去，可是每周三晚上我都要去老板家喝茶。他每个周三的晚上都要请各个部门的经理喝茶。

孙燕：那这样吧。我听说马克每个周日下午都要打篮球，就在你们家不远的实验小学里面，要不你也去？

赵民：打篮球？这可是我最喜欢的体育运动！

孙燕：对呀，打篮球对你来说是小菜一碟！你当年可是篮球明星呢！去不去？

赵民：好吧，我听你的！我现在就给马克打电话。

孙燕：对了，就应该这样！工作的时候努力工作，休息的时候好好休息，劳逸结合嘛。不论在任何时候，都应该把健康放在首位。

赵民：什么时候你也来打篮球，咱们三个大学同学好好儿聚一聚吧。

孙燕：好啊！我每个周日上午都去游泳，游完泳后我就去找你们吧。不过，打篮球我不行，还是像在大学时一样，我去给你们当啦啦队员吧。

▶ 课文 2　奥运会带来了什么？

奥运会不仅是体育的盛会，也是经济的舞台。这不仅因为举办奥运会本身要花钱，也会有收入，更是因为举办奥运会能带动相关产业的发展，拉动经济的增长。

一、体育产业

奥运会除了本身可以赚钱外，它的另一个重要作用是推动体育产业的发展。体育产业是指向社会提供体育产品和体育服务的经营性行业，它之所以得到发展，是因为人们看到了体育本身所具有的巨大经济价值。各种体育竞赛、体育表演、健身娱乐、彩票销售、体育用品生产和销售等市场都有着巨大的商机。在一些企业家眼里，体育就是一台永不停止的印钞机，他们绞尽脑汁也要挤进这个行业。例如，被一些人称为"中国体育产业第一人"的朱树豪，通过在深圳建设高尔夫俱乐部和度假村项目，仅仅 6 年就赚了 38 个亿。

如今，体育产业已经成为世界最大的产业之一。全球体育产业的年产值高达 4000 多亿美元。美国体育产业的年产值超过千亿美元，是汽车制造业总收入的两倍；英国体育产业年产值达 70 亿英镑，分别超过了汽车制造业、烟草业的产值。目前，美国是世界上体育产业最发达的国家，体育行业创造的产值在第三产业中排名第三，仅次于商业银行和证券市场。在体育产业发达的北美、西欧和日本，体育产业创造的年产值都排在国内十大产业之中，成为国内产业中的主力军。

中国自改革开放以来，伴随经济的发展，体育产业也发展迅速。体育产业所带来的经济增长在国民生产总值中占据的比例越来越大，体育经济越来越受到人们的关注。体育产业在中国成为了名副其实的"朝阳产业"。

二、全民健身

奥运会还有一个重要的作用是改变了人们对体育的观念。从前，不少中国人认为体育只是专业运动员的事情，与自己关系不大。而举办奥运会后，更多的中国人意识到，体育是属于每一个人的。奥运会后，为了满足广大人民群众不断增长的强身健体需求，中国国务院批准每年的8月8日为"全民健身日"，并制定了一系列的计划，吸引更多的人更广泛地参与到健身活动之中，让健身成为人们生活的一部分，使人民群众真正享受到体育带来的健康和快乐。

"全民健身"所带来的经济利益是巨大的。体育经济越发达的国家，普通人参与体育健身的比例越大。美国人一年散步8600万人次，游泳6700万人次，打篮球2700万人次。这样多人次的体育休闲活动，极大地刺激了旅游、航空、水陆交通运输、餐饮、住宿、体育用品的销售。目前欧美人均体育消费约为每年300~500美元，而中国人均体育消费每年不足100元人民币。如果中国人均体育消费达到欧美的一半，那么将至少形成一个每年2万亿元人民币的大市场。

面对中国的体育市场，有人有一种错觉，认为大多数商机非中国人莫属，这么理解实在是错了。在全球化的今天，外国企业同样可以来到中国，同样有机会在这个巨大的市场中分一杯羹（注：在某项成就中分享一部分利益）。应该说，谁能以"全民健身"为自己的目标市场，把广大老百姓变成自己的顾客，谁就能赢得中国的体育市场。

综合练习

一、关于体育专用词汇的练习。

听下列句子或对话，选择正确的答案（　　　）。

1）11 号姚明一记漂亮的扣篮，休斯敦火箭队再得 2 分。

2）通过慢镜头，我们可以清楚地看到，11 号已经处在越位的位置。

3）李小双以 10 分满分的成绩获得了本届奥运会自由体操的冠军。

4）罗纳尔多在禁区内被对方的球员绊倒了。

5）这个项目的世界纪录是 9 秒 78。

6）——今天学什么？　　——练习拉弧圈球。

7）——你的测试成绩是多少？　　——60 米。

8）——她的场上位置是什么？　　——二传手。

9）——裁判怎么判罚了点球？　　——我觉得应该是角球啊。

10）——你和他的配合真默契，难怪能得双打冠军。

　　——我们配对好多年了。

三、听录音，根据对话内容选择正确答案。

1. 女：真奇怪，家里没外人呀，怎么有一股烟味呢？

　　男：你别看着我，看看你的宝贝儿子小毛吧。

　　问：从他们的对话中我们可以知道什么？

2. 男：小王，你老公在家吸烟吗？

　　女：看看他的手指就知道他的烟瘾有多大。

　　问：小王的丈夫吸烟吗？

3. 女：昨天去医院看病，医生怎么说啊？是神经衰弱吗？

　　男：去医院看病真是太麻烦了，又是检查，又是化验，最后诊断是贫血。

　　问：男的得了什么病？

4. 男：听说经常吃油炸的食品容易得高血压，真的吗？

　　女：你真是孤陋寡闻，这是常识。

　　问：女的认为男的是个什么样的人？

5. 女：我的女儿最爱吃洋快餐了，每个星期至少吃两次。

　　男：小孩经常吃洋快餐可不得了，那是垃圾食品。

问：男的话是什么意思？

6. 男：李红，业余时间你经常做些什么？

女：做完家务以后，我喜欢跟朋友去打羽毛球、看电影，或者一个人在家看电视。

问：李红是个什么样的人？

7. 女：真羡慕电影演员的生活，多潇洒啊。

男：那只是表面现象，其实他们生活得可能还不如普通老百姓舒服呢。

问：男的话是什么意思？

8. 男：昨天我去你们办公室办事，你们办公室主任就在屋里吸烟，真让人受不了，你们为什么不提意见呢？

女：我们不好意思，只好被动吸烟了。

问：办公室主任在屋里吸烟，女的为什么不批评他？

9. 男：你的脸色看起来特别好，有什么喜事啊，是不是工资涨了？

女：没有，这是我半年来坚持锻炼的结果。

问：他们在谈论什么话题？

10. 女：我真的快绝望了，减肥药吃了一大堆，就是没有效果。小李，你怎么这么快就瘦了？

男：每天下班以后就看书学习，一直到晚上十二点再睡觉，这是一种绝对有效的减肥方法。

问：男的是用什么办法减肥的？

五、听录音，判断下面的句子是否符合原文的意思。

"明天就要回国了，以后可能没有机会买到这些纪念品了。"这些天，奥运会就快要结束了，北京奥运会特许商品专卖店依旧很"火"，不少来北京观看奥运会的中外游客，抓紧离京前的宝贵时间进行最后的采购。

昨天，来自墨西哥的贝台尔特意来到王府井。在工美大厦一层的北京奥运会特许商品专卖店转了几圈后，他最终给家里每人选了一块手表。来自美国的提姆也是明天离京，他是特意赶到这里给朋友挑选礼物的。"很多朋友让我从北京带奥运纪念品，虽然买了这么多，可觉得还不够！"提姆拎着满满的两个大包裹，里面装满了帽子、纪念章、钥匙链。他兴致勃勃地拿出一款黑色帽子说，这是他一位朋友打了几次电话托他一定要买的礼物。

除了外国友人，很多即将离京的国内游客也急着赶来选购。在沙滩排球场馆服务了几个月的王雷来自辽宁，后天就要回家了。昨天，他一口气买了9件限量版的纪念T恤，还有30多个钥匙链。

王府井百货大楼、东方新天地一层、新中国儿童用品商店……几乎每个北京奥运会特许商品专卖店里都挤满了挑选纪念品的顾客。"这几天从早上10时到晚上10时，人就没有断过，很多人一下就买好几件。"东方新天地一层北京奥运会特许商品专卖店的工作人员说。

四、听下面关于中国著名乒乓球运动员邓亚萍的介绍，完成下列练习。

中国著名乒乓球运动员邓亚萍1973年2月6日出生于河南，身高1.50米，体重53公斤。她五岁初学打球，十岁进入省队，1988年12月入选国家队。她的握拍方式是比较常见的右手横拍，快攻结合弧圈技术打法也使得她没有什么弱点。在她的体育生涯中有过太多的辉煌成就。她在1989年获得世界锦标赛双打冠军；1991年获得世界锦标赛单打冠军；1992年巴塞罗那奥运会女单、女双金牌得主；1993年世界锦标赛单打、双打、团体冠军；1995世界锦标赛单打、双打、团体冠军；1996年亚特兰大奥运会获得女单、女双金牌；1997年世界锦标赛单打、双打、团体冠军。什么技术特点使得邓亚萍同其他乒乓球运动员相比显得"不同寻常"和"出类拔萃"呢？她自己的回答是："速度较快，进攻性强。我天生是一个争强好胜的人。我永远想击败曾经击败过我的人，我想这可能就是我从小开始就胜多输少的原因吧。"退役后的她成为了著名的清华大学的学生，并在毕业后赴英国继续深造。同时经前国际奥委会主席萨马兰奇提名，她两次成为了国际奥委会运动委员会的委员。在北京申奥的最后陈述中，她作为运动员代表，用一口流利的英语完成了她一分半钟的演讲。

第二单元　文 化 产 业

课文 1　文化产业大家谈

（李东、高娜是某大学的学生）

李东：嗨，高娜，好久不见了，你最近在忙些什么？

高娜：没忙什么，每天除了上课，其他时间就是待在宿舍里看看电视剧什么的。我现在成了追星族了。

李东：哦？追星族？你追的是哪颗星？

高娜：当然是韩星了，最近特别火的几部韩剧，你没看吗？

李东：我没有看，我有的时候看看美剧和国产电视剧。不过，我身边的同学、朋友都在看韩剧，每天挂在嘴边的都是韩剧里的人名。这倒不奇怪，但是有的人还在淘宝上买各种韩剧里出现的服装，让我觉得很不可思议。韩国电视剧的影响也太大了吧！

高娜：哈哈，对于这个，你就是外行了，让我用专业的知识给你解释一下吧。韩剧与其他的电视剧一样，都是一种文化产品；既然是产品，就会有生产和销售的过程，这样的过程就是文化产业。所以，韩剧不仅是具有娱乐性的文化，而且也是一种需要经营与销售的产品。

李东：那你的意思是说，电视剧不仅是一个供大家娱乐的节目，也是一种赚钱的方式，是这样吗？

高娜：可以这么理解。

李东：那么，像图书业、动漫业、戏剧演出这些也是文化产业吧？

高娜：当然是。文化产业基本上可以分为三类：一是生产和销售文化产品的行业，如生产与销售图书、报刊、影视、音像制品等；二是为文化市场服务的行业，比如组织演唱会、戏剧表演、舞蹈演出、文化展览等等；三是向其他行业提供文化服务行业，比如装饰、形象设计、文化旅游等。

李东：果然是专业人士，对文化产业如此熟悉。

高娜：这就是我的饭碗，不学好怎么行啊？

李东：对了，我最近看新闻的时候，经常会听到一些"中国要加大文化产业投入"这样的说法，我觉得国家对文化产业发展越来越重视了，是不是这样的？

高娜：当然！

李东：如果让你从专业的角度分析，你觉得近年来中国的文化产业发展得怎么样？

高娜：在我看来，中国的文化产业已成为拉动经济发展的重要力量。如果没有记错的话，自 2004 年以来，全国文化产业年均增长速度在 15% 以上，比同期 GDP 增速高 6 个百分点。从 2009 年以后，文化产业逐步上升为国家主要发展的产业之一。2011 年开始，文化产业受到了国家前所未有的关注，一定会得到更大的发展。

李东：如此看来，中国文化产业的发展趋势的确是一路走高。

高娜：总体上看是这样的。但中国的文化产业发展也存在一些问题：如投入不足、人才短缺、文化贸易逆差很大等等。所以，中国的文化产业还有很长的路要走。

李东：是啊。这也正是最近韩剧风靡、国产剧无人问津的原因所在。所以，等你毕业以后，还有很多工作可做呀。你们这些未来的文化产业人要加油了！

高娜：哈哈，我会加油的！

课文 2 "舌尖"上的商机

"大晚上的看这样的纪录片，简直就是太痛苦了，忍不住'舔屏幕'了！""这是逼着我们看完电视，就要吃宵夜的吧？"时隔两年，吃货们苦苦期待的《舌尖上的中国》第二季（以下简称《舌尖2》），昨天晚上开始播放。晚上9点，守在电视机前的舌尖粉丝们，一如既往地"边看边咽口水"。

一位网友表示："看到一半我就下单买了400多元的东西了。"第一季节目走红后，在网上购买节目中相关食材的粉丝，一周内就出现了近600万人。第二季，这些吃货们早早就成了电商们的直接目标。边看电视边在网上下单，成为《舌尖1》播出时一个独特的商业现象，这也是所有人都没有想到的。因而，《舌尖2》的播出，必然会引起一场各电商抢占美食市场的大战。

天猫商城今年直接与中央电视台达成合作协议，每期《舌尖2》播放时，商城就同时发布节目中的食材和菜谱。天猫商城的一位负责人表示，在《舌尖2》开播的两个小时里，就有200万的吃货通过手机登录天猫搜索相关食材。据了解，《舌尖2》中有300多种食材，天猫食品上的"舌尖食材"数量只多不少。天猫商城的负责人表示，昨天销量最好的是北京烤鸭和四川腊肠。

《舌尖2》的美食内容比第一季增加20%，全国30多个地方的美食都会出现在里面。不过在业内人士看来，更引人注目的是《舌尖2》收获的8000万广告。这个数几乎和以市场运作闻名的冯氏电影不相上下。《舌尖2》收获商业关注的速度可谓一路飘红，许多商家都跃跃欲试，希望以赞助节目、插播广告等方式，借这部纪录片为自己创造更多的商业利益。有人说，《舌尖2》的商业价值在广告商眼中至少值1.6亿元。

在《舌尖2》中，苏泊尔和四特酒成了它的媒体合作伙伴，也就是说，《舌尖2》在各种媒体传播的过程中，这两个商家的logo都会同时出现。不过，要成为这么一部当红纪录片的"小伙伴"，代价并不低。尽管两个商家不愿对外透露合作的细节，但是通过查询央视2013年有关数据，就可以发现，苏泊尔、四特酒分别花了 4532 万元和 4399 万元，成为《舌尖 2》的媒体合作伙伴。

昨天在《舌尖 2》中，最为引人注目的就是一个叫作雷山鱼酱的产品，在节目播出之后，不少网友四处打听这款食材，而这也让不少商家看到了巨大的商机。上海鲜淘食品公司在昨天第一时间生产了这款产品。公司负责人今天在接受采访时表示，这给公司带来了不小的经济收益。这位负责人还表示，自己公司还将把员工派往全国各地，等下一集播出后，再寻找最新的食材。

在一部美食纪录片《舌尖》的带动下，一个从电视节目到大众话题，再到网络商城的文化产业链已初步建立。由此可见，文化产品带来的商机确实非常大。

综合练习

三、听录音，请根据录音内容选择正确答案。

1. 男：很久没有看见赵敏了，她最近忙什么呢？是生病了还是换工作了？

   女：听说她正在外边搞公司。

   问：赵敏忙什么呢？

2. 女：你能告诉我什么是文化产业吗？

   男：不会吧，这个问题也未免太简单了吧。

   问：男的是什么意思？

3. 女：老李，你给我买的这个牌子的药效果挺好，吃了两三次就觉得嗓子好多了。

   男：这个牌子的药我用了十年了，质量一如既往的好。

   问：从他们的谈话中，我们知道了什么？

4. 男：你的头发怎么染成蓝色了，也太引人注目了吧。

   女：怎么了，我就是喜欢这个颜色！

   问：男的认为女的怎么样？

5. 男：最近那部电影太火了。

女：可不是嘛，我去电影院看的时候都是满场。

问：女的意思是什么？

6. 男：去年，中国很多领域的对外贸易都是顺差，只有文化产业的贸易逆差比较严重。

女：以后情况会越来越好的。

问：男的是什么意思？

7. 男：昨天去火车站接到你的朋友了吗？

女：我提前半个小时到的车站，足足等了两个小时，直到三点火车才进站。

问：女的在火车站等了多长时间？

8. 男：我所知道的信息远不止这些。但我不能透露给任何人。

女：我应该是例外吧？

问：女的意思是什么？

9. 男：别人老给我介绍女朋友，可她们都看不上我。

女：可我觉得是你这人要求高，一般的人还看不上。

问：女的是什么意思？

10. 男：这部连续剧太好看了，昨天晚上大结局，可惜我上课没看成。

女：网络上同步更新了，随时都能看呀。

问：以下说法正确的有？

四、听一段对话录音，完成下面的练习。

张艺谋是近年来活跃在影坛上的有名的导演之一。最近记者采访了他。

记　者：您能否总结一下自己的二十年导演生涯？对自己的作品有何评价？您最满意的作品有哪几部？

张艺谋：这很难说。总结就免了吧。评价？我就说自己不满意的吧。有两部不太满意的，一个是《代号美洲豹》；另一个是《摇啊摇，摇到外婆桥》。其他的各有千秋。

记　者：您的电影，观众一直很喜欢。

张艺谋：那是我的幸运。反正我一直都在老老实实地拍电影。我的电影也一直都是话题。

记　者：您认为您的电影都是艺术片吗？

张艺谋：是的。中国电影真正面向市场的，也就是这类艺术电影。尽管票房不高，但一个城市两家三家慢慢地扩展，就不错，如果现在有一部中国电影进入他们的影院，放映一周，就算不错。商业电影以赢利为目的，是有一套操作程序的。简单地说，有些拍的好的商业电影有一定的艺术性，就像艺术电影也有一定的商业性一样。

记　者：您下一步准备拍什么样的电影？

张艺谋：现在手里有好几个题材，有历史的、有现代的，现在还不太清晰，就看哪个能拍了。第一，剧本能顺利通过；第二，有人投钱，那就拍。但是我希望我的每一部电影都能有变化，哪怕很小，也会让我满足，因为它在变化。也许有些手法别人早已经用过了，但对我来说，它是新的，我就要去尝试。

五、听录音，回答下面的问题。

细心的人也许发现了一个现象：以前，到车场买车、看车的都是男性，现在，女性购车者、驾车者的靓丽身影随处可见。越来越多的白领女士走进了购车行列，成为惹眼的"有车一族"，种种迹象表明：汽车"她时代"已经来临。

女性选车有一个共同的大原则，那就是强调车的外形必须要时尚惹眼。不少白领女士表示，如果轿车的外形不能吸引自己，那么几乎就不可能再考虑购买事项了。

几乎所有自己购车的白领女士都表示，小巧可爱的身型、亮丽的车身颜色是"座驾"的基本要素。此外，温馨的内饰、浪漫的天窗、不错的音响效果也是爱车必须具备的"内涵"。一位在外企做市场工作的女士坦率地说："身为年轻女性，我不适合开那种很高贵很典雅的轿车，我希望自己的轿车具备一种年轻时尚的气质，这样我开着它在城市里穿街过巷会觉得很自豪。"

时下，女性购车有以下几种情况：一是与丈夫一起购车并同时使用；二是丈夫已有一辆车，经济能力许可再给妻子买一辆新车；三是自己赚钱自己买车。据经销商介绍，女性购车人群中，第一类和第三类购车女性占大多数。

有业内专家指出，自己赚钱自己买车的白领女性，她们年轻时尚、思想前卫，敢于花明天的钱提前消费，这部分市场有不可估量的发展前景。

第三单元　创业故事

课文 1　李　想

记者：李想，你好。你是一位成功的创业者，很多人都对你的创业经历感到好奇，我想问一下，你是高中毕业后才开始创业的吗？

李想：其实，高一的时候我就已经在给一些电脑类杂志和报纸写稿。那时候上网很贵，每个月大概要七八百块钱，不过我的稿费能有一千左右，刚好抵消。当然，这还算不上是创业。高二的时候，我建立了一个个人网站。当时就觉得好玩，没想到点击率挺高，更没想到居然有人来投放广告。当时还觉得挺奇怪，如此轻而易举地居然就能有收入。就这样，我靠个人网站赚到了第一桶金 10 万元。

记者：做网站到底是如何赚钱的？

李想：就是一根网线、一台电脑。个人网站嘛，就在上面放些自己感兴趣的东西，我的网站大都是数码产品。当访问量超过一定数量时，就会有客户主动找上门来，要求投广告。比如说，在屏幕显示 100 次收 10 块钱。这也和当时的网络泡沫有关。两年后，这种现象就消失了。

记者：那网络泡沫消失后，你是怎么赚钱的呢？

李想：2000 年以后，要赚钱，就得自己出去拉客户了。2000 年我在石家庄注册了一个公司。可是我不懂技术，所以找了一个懂技术的人合作，我们俩都不懂销售，于是，又找了一个负责销售的朋友。我们都觉得石家庄发展前途不大，就在 2001 年来到北京，成立了泡泡网。也就是在 2001 年，我们的网站开始盈利了，并且逐步完善。

记者：说起来如此简单，创业过程中你遇到过什么重大的挫折吗？

李想：大家都这么问过，可是，我觉得没有。总体而言，我们这代人都生活得相对平稳。

记者：你的员工们都是大学生吗？

李想：是，大部分是应届毕业生。可能他们还有更多选择，可是他们都喜欢来我这里工作。

记者：你怎么看待现在的大学生？

李想：虽然我没有上大学，不过，还是接触了许多大学生，对他们也有一些了解。在我眼里，他们分成两种。一是上学期间没有什么目标，工作以后也不知道自己要什么；二是工作以后有了目标和方向的。在工作上，我可能会尽量挑选后一种人，他们上手很快，也很尽职尽责。

记者：当年你不上大学，家人没有反对吗？

李想：总体而言，我的父母还算很开明的。从上初中开始，我就试着与他们沟通，把自己的想法告诉他们，大家商量。后来再长大一些，就可以自己做决定了，他们也很放心。当然，这一切都建立在沟通、信任的基础上。

记者：这样说来，你真的算是很幸运了。现在许多父母听到孩子玩电脑就头疼，差不多把电脑看成洪水猛兽了。

李想：我上初一时第一次接触电脑，一接触就发现对它有异乎寻常的兴趣。上高一时，有了自己的电脑。其实，最初也是想用它打游戏，可玩着玩着就发现自己的兴趣也不在于此，我想用它做些自己喜欢的事情。父母之所以如此忌讳电脑，很大程度是因为他们不了解它。人就是这样，对不熟悉的东西，总有莫名其妙的恐惧。

记者：相比同龄人，你是不是觉得自己比他们成熟呢？

李想：应该是吧！我说过，我不是很聪明的那一种人。我经常和员工说，宁可自己傻一些，让客户聪明一些，这样，他们才会放心投给我们广告。这么多年，我只是努力地在做事，始终没有停过。尽心尽力把每一件都做到，不要太在乎结果，把过程做好。到头来就会发现结果其实和你预想的差不多。专心去做每一件事，真的很重要。

记者：对生活中遇到的不开心的事，你会怎么处理呢？

李想：我这人有个特点，过去的事情，不开心的事情，我往往都会忘记。

记者：是选择性失忆吗？这种能力不是每个人都能具备呢！

李想：也可以这么说。人能记住的东西总是有限的，从内容来说，无外乎三种：过去、现在、将来。如果你一直对过去思前想后、耿耿于怀，自然就占用了思考现在和将来的时间。而我是习惯于向前看的，过去的，就算再辛苦，总归是过去了。

记者：平时喜欢做什么？有什么特别爱好吗？

李想：我的爱好其实很狭窄，数码产品、汽车，都是现在已经在做的了。我不是说不爱玩，准确地说是不会玩。看看书、上上网，一天也就过了。许多人总抱怨时间不够，对我而言，时间好像很充足。有空时，我也写写博客。

记者：对于以后，有什么打算？

李想：毋容置疑，我会把网站继续办下去。下一步的目标应该是发展互动媒体集团，就是把数字产品、汽车、房子全都包含进网站来。

记者：最后一个问题：你对于现状满足吗？

李想：我很乐观，一直觉得自己生活得不错，很容易开心。但是永远不可能满足，因为我要朝更大更远的目标奋斗。

二、在横线上填入你听到的内容。

创业，往往是<u>风险</u>与机会并存。<u>创业者</u>必须善于发现<u>新生</u>事物，并对新生事物有强烈的探求欲，必须敢于<u>冒险</u>，即使没有十足把握，也应果断地尝试。生意场上，<u>眼光</u>起了决定性作用。很多资金不多的小创业者，都是依靠准确抓住某个不起眼的<u>信息</u>而挖到"第一桶金"的。

市场经济刚起步时，<u>机会</u>特别多，好像做什么都能<u>赚钱</u>，只要你有足够胆量和<u>能力</u>。但如今每个行业每个领域都有人做，激烈的市场竞争宣告"<u>暴利</u>时代"已经结束，取而代之的是"<u>微利</u>时代"。因此，创业机会必须要创业者自己发掘。

课文 2　陈春虹与她的"一杯水马桶"

众所周知，冲一次马桶最少需要 6 升水，但如果有人说只要一杯水就能冲干净马桶，这可能吗？上海义源节能环保科技有限公司董事长陈春虹的回答是肯定的。

"一杯水马桶"的发明者其实是陈春虹的父亲陈林长。农民出身的陈林长当过代课教师，琴棋书画样样精通，他花了大半辈子发明各种东西。2005 年，这项"一杯水马桶节水技术"被授予国家发明专利和国际专利，随后陈家注资建厂开始生产，可是销售并不乐观。

2006 年，母亲突然离世，陈春虹备受打击，她决心辞去福州一家中专技校教师的工作，尽全力帮助父亲实现将"一杯水马桶"推广至千家万户的理想。可当她出现在父亲面前时，却遭到了父亲的坚决反对。但陈春虹最终还是说服了父亲。

从 2007 年开始，她只身前往上海开拓市场。第一次出远门，第一次乘地铁，陈春虹背着大箱的资料跑市场，一天下来，两个肩膀全都受伤了。为了省钱，她租了一间毛坯房，既当办公室又当宿舍，买一叠报纸铺在地上就可以当床睡。没有工人，就自己拉着马桶上门安装。虽然困难重重，但陈春虹屡战屡败，屡败屡战。

转机出现在 2009 年。陈春虹听朋友说，虹口区有个花园式节能环保产业园，抱着试试看的心态，陈春虹去问园区负责人："我们的马桶能否在园区里使用？"不久，"一杯水马桶"通过检测，园区出资购买了 100 余个。对陈春虹而言，这是她在上海滩的"第一桶金"。

　　这次尝试为陈春虹打开了销售渠道，一方面选择和政府合作，服务于学校、医院等所有需要节能改造的项目；另一方面和房地产商合作为居民小区安装节水马桶。因为"一杯水马桶"具有绿色环保的特点，越来越多的商家主动找上门来，希望与陈春虹的公司合作。

　　在 2010 年上海世博会上，"一杯水"节水马桶成为联合国馆、生命阳光馆、上汽通用馆的指定产品。2011 年，义源公司的年销售额同比翻了两番。2012 年陈春虹入选了《财富（中文版）》"中国 40 位 40 岁以下的商界精英"榜单。是什么使陈春虹这位普通的女性成为一个创业的成功者呢？她自己说道，任何时候市场都存在机会，但机会只留给那些勇敢者。

综合练习

三、听句子录音，请根据句子内容填空。

1. 普通老百姓都喜欢物美价廉的商品。

2. 要想提高企业的利润，降低生产成本是一条有效的途径。

3. 中国政府为了缓解就业压力，采取了从多方面扩大就业渠道的措施。

4. 目前中国稳定的社会和优越的投资环境对外国公司很有吸引力。

5. 只要公司所有的员工都全力以赴，公司一定能成功地战胜眼前的危机。

6. 跨国企业挖走了我们培养的很多优秀管理人才和技术人才。

7. 中国实现现代化是几代中国人追求的理想。

8. 在现代社会，如果一个公司的管理模式保守、落后，迟早会被市场淘汰。

9. 很多人羡慕白领阶层的生活方式和工作环境。

10. 实现中华民族伟大复兴是中华民族近代以来最伟大的梦想。

四、听录音，根据听到内容选择正确答案。

你为创业做好准备了吗？

　　提起创业，很多朋友传统的想法是毕业后先打几年工，积累经验，然后熟了，自己办公司，找员工。我经历了很多，发现其实这是最累最不着边际的一条路子。首先要看的是积累的哪方面的经验。因为创业经验和你做技术的经验是不能混同的，用的东西完全不一样。你可以是个好的技术员，但不一定是个好老板。其次，不管工作多久，只要创业，就都是从零开始的。没有人会替你思考将来公司走向何方，没有人帮你选货，没有人帮你寻找关系，都要靠自己。所有的事情都是自己上下打理，成为大公司的几率有多大呢？可以说，如果没有机遇，成功的可能性几乎不存在。

　　有很多人找我咨询创业的事情，不过聊聊之后，却发现很多人都是想创业成功而不是一定要成功的人。为什么这么说？因为想成功的人会找一大堆理由阻止自己成功，真正一定要成功的人则不会花什么时间寻找"好"项目，而是去做，去学习。<u>思考一辈子都不如行动一阵子。</u>

　　也有很多人告诉我，他们都是想要创业，想要改变的。不过第一句话就是：我不想去做销售。我于是问他："那你能做的了什么呢？"他就没话说了。是啊，既然什么都做不了，为什么不开始锻炼自己，而是找"好"项目呢？就算是好项目来了，你是否读万卷书，积累万千经验去把握了呢？是否看得懂呢？小生意网上面那么多项目，难道就没有一个是好项目能入你的眼睛么？所以啊！年轻人就是要脚踏实地去拼，去了解，这个世界有很多东西其实自己根本不知道，需要多学习。

　　创业永远经历几个阶段：看不到，看不起，看不懂，为时已晚。一开始诞生的东西，别人并不知道，不过已经有人在开拓在发展；然后你看到了，可能会说那是个什么玩意儿，肯定没发展；然后你发现做的人比较多了，自己看不懂有什么前景，继续无视；很多人开始做了，你终于明白了，但是一看市场，已经有太多人，没钱赚了，这就是为时已晚。可以说到处都有机会，只在于你有没有眼光？当年的快递能发展成现在这样，你想到了么？

　　记住，再好的项目也是人脚踏实地做出来的，不是凭空幻想出来的，更没有什么一夜暴富的神话，项目好不好，取决于后劲，就是后期发展，以及是否会被广大消费群体所接受，如果是，那你就勇敢地去做吧！

五、听录音，判断下面句子是否正确地表达了原文的意思。

日前，清华大学中国创业研究中心、中国农业大学 MBA 中心，中央电视台和国家发改委中小企业对外合作协调中心等联合公布了《中国百姓创业调查报告》。调查显示出以下五个特点：

一、创业者中高中学历比例最大。在"创业者目前的最高学历"和"创业时的学历"两个问题的答案中，高中学历的比例最大，其次是专科学历。

二、创业资金 10 万元钱能起步。调查显示，48% 的创业者的创业资金在 10 万元以下，19% 的创业者，其资金规模在 10 万元至 30 万元之间。

三、创业"黄金年龄"是 35 岁以下。调查表明，35 岁以下的创业者占受访创业者的 65%；在 26 岁至 35 岁之间创业的人约占接受调查者的一半，达 47%；在 36 岁至 45 岁之间创业的人占 27%；25 岁以下的创业者占 18%；46 岁以上的创业者占 8%。

四、男女创业差异大。在创业方向的选择上，男女创业者体现出明显的行业差异：女性创业者更趋向于选择餐饮业、批发零售业和信息服务业。而男性创业者则趋向于选择批发零售业、工业加工业和农业加工业。报告显示，受访创业者中男性的比例大约是女性比例的 3 倍，前者为 77%，后者为 23%。

五、不经风雨不见彩虹。在接受调查的创业者中，有过失败经历的人占 48%。由此可见，创业不可能一帆风顺。调查显示，导致创业失败的主要因素，第一是资金周转问题；第二是创业项目选择错误；第三是管理不善。

六、书中自有黄金屋。调查发现，接受调查的创业者普遍有读书的习惯，其中 48% 的人平均每天读书 1~2 小时，读书时间在 2~3 小时的占 15%，低于 1 小时的占 32%。以工作需要为读书目的的创业者占 73%。创业者经常阅读的图书依次是：经营管理类图书、专业图书和历史人物传记类图书。

第四单元 商 务 谈 判

课文 1 投其所好

投其所好是商业谈判中经常使用的技巧之一。它的意思是，谈判者根据对方的需要和爱好、有意识地迎合对方，在找到了共同点的基础上再进一步提出自己的要求和条件。这样做容易得到对方的接受和认可，而使自己的谈判目标得以实现。

迪吧诺公司是纽约远近闻名的面包公司，纽约很多的大酒店和餐饮消费场所都与迪吧诺公司有合作业务，但是，迪吧诺公司附近一家大型的饭店却一直没有向他们订购面包。这种局面长达四年。这四年期间，公司创始人迪吧诺先生每周都去拜访这家大饭店的经理，参加他们举行的会议，甚至以顾客的身份入住该饭店，想方设法同这家饭店进行接触，一次又一次地同他们进行推销谈判。但无论采用任何手段，迪吧诺公司的一片苦心还是不能促成双方谈判成功。这种僵持局面令迪吧诺暗自下定决心，不达目的决不罢休。

从此之后。迪吧诺一改过去的推销策略和谈判技巧，开始对这家饭店的经理所关心和爱好的问题进行调查。通过长时间的细致调查，迪吧诺发现，饭店的经理是美国饭店协会的会员，而且由于热衷于协会的事业，现担任会长一职。这一重大发现给了迪吧诺很大帮助，当他再一次去拜会饭店经理时，就以饭店协会为话题，围绕协会的创立和发展以及有关事项和饭店经理交谈起来。果然，迪吧诺的尝试起到了意想不到的效果，这一话题引起了饭店经理的极大兴趣，他的眼里闪着兴奋的光，和迪吧诺谈起了饭店协会的事情，口口声声称这个协会如何给他带来无穷的乐趣，而且还邀请了迪吧诺参加这个协会。这次同饭店经理的"谈判"，迪吧诺一点没提关于面包销售方面的事，只是就饭店经理所关心和感兴趣的协会话题，取得了很多一致性的见解和意见。饭店经理甚至表示同迪吧诺有相见恨晚之感。

几天以后，那家饭店的采购部门突然给迪吧诺打去电话，让他立刻把面包的样品以及价格表送过去。饭店的采购组负责人在双方的谈判过程中笑着对迪吧诺说："我真猜不出您究竟使用了什么样的绝招，使我们老板那么赏识你，并且决定与你们公司进行长期的业务合作。"听了对方的话，迪吧诺有些哭笑不得，4年来，他们进行了若干次推销谈判，竟连一块面包都没销售出去，如今只是对经理关心的事表示关注而已，却发生了180度的转变。否则，恐怕到现在为止还跟在他身后穷追不舍地推销自己的面包呢。

课文2　准备谈判

1. 确定谈判态度。

在商业活动中面对的谈判对象多种多样，我们不能拿出同样的态度对待所有谈判。我们需要根据谈判对象与谈判结果的重要程度来决定谈判时所要采取的态度。

如果谈判对象对企业很重要，比如，长期合作的大客户，而这次谈判的内容与结果对公司并非很重要，那么就可以抱着让步的心态进行谈判，即在企业没有太大损失与影响的情况下满足对方，这样对于以后的合作会更加有利。

如果谈判对象对企业很重要，而谈判的结果对企业同样重要，那么就保持一种友好合作的心态，尽可能达到双赢，将双方的矛盾转向第三方，比如市场区域的划分出现矛盾，那么可以建议双方一起或协助对方去开发新的市场，扩大区域面积，将谈判的对立竞争转化为携手共赢。

如果谈判对象对企业不重要，谈判结果对企业也是无足轻重，可有可无，那么就可以轻松上阵，不要把太多精力消耗在这样的谈判上，甚至可以取消这样的谈判。

如果谈判对象对企业不重要，但谈判结果对企业非常重要，那么就以积极竞争的态度参与谈判，不用考虑谈判对手，完全以最佳谈判结果为目标就可以了。

2. 充分了解谈判对手。

俗话说：知己知彼，百战不殆。在商务谈判中这一点尤为重要，对对手的了解越多，越能把握谈判的主动权。

　　了解对手时不仅要了解对方的谈判目的，还要了解对方公司经营情况、谈判人员的性格、对方公司的文化、谈判对手的习惯与禁忌等。这样便可以避免因文化、生活习惯等方面产生的矛盾，影响谈判的顺利进行。

　　还有一个必不可少的因素需要了解并掌握的，那就是其他竞争对手的情况。比如，一项采购谈判，我们作为<u>供货商</u>，不仅要了解可能和我们谈判的<u>采购商</u>进行合作的其他供货商的情况，还要知道有可能和自己合作的其他采购商的情况，这样就可以适时地给出，比其他的供货商略微优惠一点的合作方式。那么，将很容易达成协议。如果对手提出更加苛刻的要求，我们也就可以把其他采购商的信息拿出来，让对手知道，我们是知道底细的，同时暗示，我们有很多合作的选择。反之，我们作为采购商，也可以采用同样的反向策略。

3. 准备多套谈判方案。

　　谈判双方最初各自拿出的方案都是对自己非常有利的，而双方又都希望通过谈判获得更多的利益，因此，谈判结果肯定不会是双方最初拿出的那套方案，而是经过双方协商、妥协、变通后的结果。

　　在双方你推我拉的过程中常常容易迷失了最初的意愿，或被对方带入误区，此时最好的办法就是多准备几套谈判方案。先拿出最有利的方案，没达成协议就拿出其次的方案，还达不成协议，就拿出再次一等的方案，即使我们不主动拿出这些方案，也要做到心中有数，知道向对方的妥协程度是否偏移了最初自己设定的目标，这样就不会出现谈判结束后，仔细思考才发现，自己的让步已经超过了预计承受的范围。

综合练习

三、听十个句子，判断下面的句子与原句的意思是否相符。

1. 我们十分希望这次谈判成功，跟贵公司建立长期的合作关系。

2. 那家公司的规模越来越大，以后的发展前景应该不错。

3. 我们公司一共有五个分公司，每个分公司各有分工。

4. 这家公司宣传自己有一流的技术、一流的服务、一流的员工，其实他们所有的东西都言过其实。

5. 我们公司虽然属于新成立的私营企业，但是信誉非常好。

6. 我很喜欢跟这家日本公司谈判做生意，因为他们的工作效率很高。

7. 通过这次谈判，我们深深地了解了中国人的性格。

8. 谈判结束后，我们双方签订了正式的订货合同。

9. 在谈判的过程中，谁也不能强迫谁让步。

10. 他为了自己的利益，向另一家公司泄露了自己公司的商业秘密。

四、听录音，根据录音内容回答问题。

1. 男：这种款式的衬衫最低批发价是多少钱？

　　女：我们给老客户的最低批发价是每打 300 块钱。

　　男：你们每打再让我们 30 块钱吧。

　　女：那好，但是你们要用现金支付。

　　问：他们这次价格谈判的结果是什么？

2. 女：张经理，我们公司生产的这种牛仔裤今年卖得特别火。

　　男：但是我觉得在我们那儿的销量可能不会太大，因为我们那儿的人不喜欢时髦的衣服。

　　女：您不用担心，上个月你们那儿的一个批发公司从我们这儿批发了 50 打，据说也卖得特别火。

　　男：那好吧，我这次先批发 20 打，如果卖得好，我们再来批发。

　　问：为什么最后男的决定批发那种款式的牛仔裤？

3. 男：孙经理，你跟广州宏发公司的谈判进行得怎么样？

　　女：总经理您放心，进行得非常顺利。他们已经决定跟我们建立长期的合作关系。

　　男：你可真是我们公司的女中豪杰啊。

　　女：总经理过奖了。我只是尽了我的最大努力。

问：总经理认为孙经理是个什么样的人？

4. 女：我真感到奇怪，为什么家家电器公司生产的小型洗衣机跟我们的那么像。

男：很简单，有人泄露了我们的生产技术。

女：到底是谁泄露了我们的技术？

男：我们原来的技术员刘峰辞职以后去了家家电器公司，不是他还能是谁？

问：为什么家家电器公司生产的小型洗衣机跟他们生产的一样？

5. 男：刘经理，绿叶服装公司生产的西服批发价太贵了。

女：每套西服多少钱？

男：他们给我们的最低批发价是 600 块钱。

女：还可以，现在他们生产的这款西服在市场上卖得特别火，每套的零售价能卖到 900 多块钱。

问：刘经理决定批发绿叶公司的西服吗？

6. 女：小李，昨天谈判的时候你为什么吸烟？

男：我的烟瘾上来了，实在控制不住。

女：可是你这样做对我们的谈判会造成不利的影响。

男：经理，实在对不起，我当时没有考虑那么多。

问：经理为什么责备小李？

7. 男：李洪，明天就要跟美国公司进行谈判了，你准备好了吗？

女：应该差不多了，我已经了解了很多跟美国人谈判的技巧。

男：你还挺有经验的。

女：过奖了，我也是现学现卖。

问：李洪是什么时候开始了解跟美国人谈判的技巧的？

8. 女：小刘他们去上海谈判的情况怎么样？

男：昨天打电话说已经开始谈判了。

女：谈判的结果怎么样？

男：暂时还没有明确的结果。

问：小刘他们去上海谈判的结果怎么样？

综合练习

（二）听录音，回答下列问题。

你代表一家医疗器械销售公司向某家大型医院洽谈业务，其中一款设备报价是 800 元，你可以将价格降到 720 元成交，因此你谈判的空间是 80 元。怎样让出这 80 元是值得探讨的。我们就以上讨论的四种让步方式请教了专家，看看专家是如何解读的：

1. 给出底线反遭怀疑，步步紧逼让你难招架。

（80 元、90 元、100 元、1100 元。这种方法是一开始把所有的空间全部让出来，是极端愚蠢的。）首先对方会认为你虚报价格，轻易地让出如此之大的幅度，一定还有很大的让利空间，他会在价格上继续步步紧逼，让你无法承受，导致谈判陷入僵局甚至破裂。即使达成了交易，对方也会怀疑你的诚意，从而影响到下一次的合作。

2. 小额渗透不实际，遭反感对手不买账。

5 元、15 元、25 元、35 元。开始，如此小的幅度对方肯定不会同意，会要求你再次让步，于是你分两步让出了 15 元和 25 元，但仍然被对方无情地拒绝了，为了避免谈判破裂和得到订单，你只能把最后的 35 元全部让给了对方。在你让出所有的谈判幅度后，你会如愿地拿到订单吗？这桩生意很难成交，道理很简单：在你每一次让步后，对方会觉得你在有意试探，诱骗价格且有失严肃，会造成对方对你的反感，形成心理戒备，即使你让出再多，对方也不高兴。

3. 四平八稳降价格，对手摸透规律更宰你。

20 元、20 元、20 元、20 元。从表面上看这是一种四平八稳的让步方式，每一次让步幅度都不大，谈判破裂的风险也较低。实际上，在各种形式的让步中，任何两次相同的让步都是不可取的。对方虽然不知道你究竟能让多少，但却了解每次 20 元的让步规律,在你最后一次让步后对方还会期待下一个 20 元。

4. 先大后小刺激求成欲望,让对方觉得已砍到价格最底线。

40 元、20 元、15 元、5 元。第一次让步需要比较合理,要充分激起买方的谈判欲望。在谈判中期不要轻易让步,每一次让步幅度都要递减,并且要求买方在其他方面给予回报,最后的让步要让对方看出你异常艰难,认为你已经到了底线,导致最终双方取得双赢的交易。

第五单元　风　险　控　制

课文 1　鸡蛋与篮子

20 世纪末,诺贝尔经济学奖的获得者马克维茨在投资界提出了一个最著名的观念"鸡蛋和篮子",它的含义是:把你的财产看成是一篮子鸡蛋……然后决定把它们放在不同的地方:一个篮子,另一个篮子……万一你不小心碎掉其中一篮,你至少不会全部都损失。

马克维茨认为:关注单个投资远远不及监控投资组合的总体回报来得重要。换句话说,篮子和篮子之间应该彼此关联性不大。

鸡蛋必须放在不同篮子,主要目的是使你的投资分布在彼此相关性低的资产类别上,以减少总体收益所面临的风险。

假设在 2005 年到 2009 年期间,把 1000 美元投资在一个多样化的投资组合上得到了正收益。但如果这 1000 美元完全投资在股票上,则很可能带来负收益。也就是说,"鸡蛋易碎",如果你把全部家当都押在一项资产,比如一栋房产或是某家公司的股票上,那么你就会在市场波动面前变得无比脆弱。

然而,当大多数投资者认为"不能把所有鸡蛋放在同一个篮子里"的时候,巴菲特却认为,投资者应该把所有鸡蛋放在同一个篮子里,然后小心地看好它,因为他觉得:首先,分散投资往往会降低收益率。"不要把鸡蛋放在一个篮子里"的原则,应是对有充裕资金的人来说的,对于资金有限的人反而不一定适用。其次,分散投资就是盲目投资。《财富》杂志曾经有这样一篇文章写道：分散投资获得巨大财富，这是投资谎言之一。从来没有人因为分散化投资策略进入亿万富翁俱乐部。那些真正因投资而取得巨额财富的大师，大多是认准自己熟悉的某一种理财产品或投资项目，然后坚持不懈地做下去。

面对"要不要把鸡蛋放在一个篮子里"这些喋喋不休的争论，在选择"鸡蛋"与"篮子"时，我的理论是：首先选择篮子的质量，然后看我有多少"鸡蛋"。如果我发现了一只特别结实的"篮子"，并且这只"篮子"还可以很快把"鸡蛋"变成"小鸡"，然后又能把"小鸡"变成"母鸡"，那我就一定会把所有的"鸡蛋"放到最好的"篮子"里，甚至还会去把人家的"鸡蛋"借来放到我的这只"篮子"里。只有把最好的"篮子"装满后，如果还有更多的"鸡蛋"，我再把多余的"鸡蛋"放到第二好的"篮子"里。如果把第二好的"篮子"装满后，还有多余的"鸡蛋"，我再把多余的"鸡蛋"放到第三好的"篮子"里，依次类推。十多年来，我的投资就是按这样的理论执行的。这些年来，我只看好两只"篮子"——民间借贷和期货投资，对其他任何"篮子"无动于衷。绝对不炒房，不买股票，不买基金，不自愿购买任何保险，不做"直销"。

所以对于一般的投资者来说，把所有的鸡蛋放在一只篮子里，并不是最佳的投资方案。

课文 2　李嘉诚的三大法宝

1997 年，金融风暴蔓延全球，香港经济也进入寒冬，大部分投资者的腰包都缩水过半，就连华人首富李嘉诚控股的公司股票，市值也大幅缩水上千亿港元。但即便如此，李嘉诚依然表示，他对公司的业务充满信心。那么李嘉诚的信心究竟源于哪里？面对金融危机，他的"过冬策略"又是什么呢？

第一，立刻减少投资。手中积累了大量的现金。当时数字高达 220 亿美元的现金。他为什么这么做呢？准备应付大萧条。李嘉诚对现金流高度在意。他经常说的一句话是："一家公司即使有盈利，也可以破产，但一家公司的现金流是正数的话,便不容易倒闭。"而面对这次全球性的金融危机,李嘉诚又一次遵循了"现金为王"的投资理念。

那么除了重视现金,李嘉诚还有哪些独特的投资手法呢?

李嘉诚公司的核心业务有几个方面,一个是港口,再有一个是地产和酒店,还有零售、能源和电讯。李嘉诚投资的几个行业之间,都有很强的互补性。

什么叫互补? 就是两个行业,我好你坏,你好我坏,刚好可以抵消掉。也就是说,当第一个行业好的时候,第二个行业最好是坏的。当第一个行业坏的时候,第二个行业最好是好的。然后好坏可以相互抵消,而使得最终现金流达到稳定,这是他最明智的地方。而很多企业家不是这样做的,他们没有做互补,很多投资都是要好一起好,要坏一起坏,一碰到坏的时候一起倒闭。而李嘉诚则利用这种行业之间的互补,使企业风险缩小了10倍。

李嘉诚说:现金流和公司负债的百分比是他一贯最注重的环节,而控制负债也是李嘉诚的公司在这一次危机中能够降低风险、继续稳定经营的关键。

以香港四大天王(李嘉诚,李兆基,郑裕彤,郭炳湘)为例。四大天王都做过地产,他们最大的特点是个个都经历过很多次大萧条。但是,他们的资本负债比例是多少? 一般都是20%而已,李嘉诚的公司的负债率只有15%,可以说是低中更低了。而香港四大天王的公司规模都很大,很多都是我们上市公司的上百倍。

李嘉诚控制风险的法宝有三个:第一,大量的现金流;第二,互补的行业选择;第三,负债比例低。从他身上可以看到,一个卓越的企业家就是一个最好的风险管理者,只有最好的风险管理者才能够让公司永续长存。

综合练习

三、听录音,根据对话内容选择正确答案。

1. 男:你觉得投资股票风险大,还是投资期货风险大?

女：你的这个问题还真难倒了我。

问：女的认为投资风险大的是什么？

2. 女：李刚，听说你要扩大商场的规模，需要很多资金，打算向朋友还是向父母借钱？

男：朋友也没那么多钱啊，我打算向银行借。

问：李刚打算通过什么方法解决资金的问题？

3. 男：我们公司生产的那款微型电视机的销售情况怎么样？

女：自从进入市场以后，就一直很畅销。

问：他们公司生产的微型电视机卖得怎么样？

4. 女：先生，我们公司生产的微波炉质量特别好，您根本就不用担心辐射的问题。

男：你们公司一点名气都没有，我怎么能对你们的产品质量放心？

问：为什么男的对微波炉的质量不放心？

5. 男：王红，你们公司的产品怎么样？

女：李刚，虽然我们的产品名气没有你们的大，但我对我们的产品充满了信心。

问：以下哪句话是正确的？

6. 女：刘经理，您认为我的性格适合做销售工作吗？

男：小张，口才是你的优势，如果你努力工作，你一定会做得十分出色的。

问：在刘经理眼里，小张是个什么样的人？

7. 男：你对风险投资这个行业十分清楚吧。

女：对风险投资谈不上清楚，但在金融证券方面我是内行。

问：女的话是什么意思？

8. 女：李刚，今年你们公司的销售量很大，利润一定很高吧。

男：与去年相比，销售量是增加了，利润反而下降了。

问：李刚公司今年的生意与去年相比怎么样？

9. 男：李红，你在街上常碰上销售人员向你推销产品吗？

女：经常遇到这些人，他们总是想方设法地说服你购买他们的产品，并且有的销售员热情得让你受不了。

问：李红的话是什么意思？

10. 女：李刚，你们公司的销售量几年来一直排行第一，真让人羡慕。

男：可能和我们公司的服务和产品质量有关系，但最关键的是我们公司有很多销售高手。

问：李刚公司的销售量几年来一直很高，最主要的原因是什么？

四、听一段话，请根据内容判断下列句子是否正确。

女士们、先生们，晚上好！欢迎大家来到这里参加我们的风险投资论坛。我们的论坛是企业和投资者之间的桥梁，希望今天来到这里的投资者和企业都能找到自己的合作伙伴。众所周知，我们的论坛选择企业的标准只有一个，就是企业预备开发的项目必须对环境具有有益的影响，不能促进环保的企业是不能在这里吸引到资金的。同样，来到我们论坛的投资者某种程度上也是环境保护者，他们不仅看重项目可能带来的经济效益，同时也关注项目是否能保护环境。

我们的论坛设立十年来，促成了上百家企业和投资者的合作，许多项目已经取得了丰厚的经济效益和社会效益。到目前为止，获得资金数目最大的项目是山姆公司的硬木地板项目，他们2003年来到论坛，获得了500万美元的风险投资。我们希望就在今天晚上，这个数字能够得到突破。

今天晚上，将有五个企业来介绍他们的项目。这些项目分别涉及生态旅游、清洁用品的生产、造纸业、化肥、燃料运输等领域。好，现在请青山纸业公司第一个来介绍他们的项目。

五、语言练习。

下面你将听到的是由四个人表演的一个小品的实况录音，小品的名字叫《股票市场有风险》。请根据听到的内容，做以下的练习。

人物：（根据出场的顺序）来福　　　B 先生　　　美丽　　　C 先生　　　讲述人

股票市场风险

来福：老婆，股市有升有降，被套牢也不能全赖我呀！

B先生：Hi，是不是股票套住了？来福，你看我这身新衣服，名牌的，你猜多少钱？

来福：不知道。

B先生：一千多！知道为什么吗？因为我的股票升啦！赚了不少呢！

来福：了不起呀？

B先生：对啦，来福，记得明天该交房租啦，我先走啦，再见。

来福：可恶的家伙。

（敲门）

C：难道你又被美丽赶出来啦？

来福：谁知道大盘一路狂跌呀，我那几只股票全给套住啦，也难怪美丽生气啦，真是的。你干嘛？

C先生：走，我跟你回家去劝劝美丽。

C先生：美丽，你消消气，这事怪我，我应该详细给来福讲讲股市的风险和规避的方法。

美丽：你给我好好听着，下次给我长点记性，听到没有啊？

来福：嗯！

讲述人：<u>系统性风险</u>，是指某种全局性因素引起的投资收益的可能变动。这种因素会对所有的证券的收益产生影响。系统性风险主要包括四个方面：<u>政策风险</u>，是指政府有关证券市场的政策发生重大变化，或者有重要的法规举措出台，引起证券市场的波动，从而给投资者带来风险。

旁白：没事的时候多关注一下国家政策。

讲述人：<u>经济周期性波动风险</u>，是指证券市场行情周期性变动，而引起的风险。它可分为看涨市场和看跌市场两大类。

旁白：就是我们平常所说的牛市和熊市。

讲述人：<u>利率风险</u>，是指市场利率变动，引起证券投资收益变动的可能性。

旁白：就像这个跷跷板，利率与证券价格是相关联的。一般情况下，利率提高，证券价格水平下跌，利率下降，证券价格水平上涨。

讲述人：<u>购买力风险</u>，是由于通货膨胀，货币贬值给投资者带来实际收益水平下降的风险。最容易受到影响的是固定收益证券。如优先股、债券。普通股风险相对较小。

B 先生：幸好我机灵，一看到通货膨胀，就马上买了黄金公司的股票保值。

讲述人：<u>非系统性风险</u>，是指只对某个行业或个别公司的证券产生影响的风险。它有五个方面：<u>信任风险</u>，是指证券发行人在证券到期时无法还本付息，而使投资者遭受损失的风险。

B 先生：要多参考证券信用评级。

C 先生：这是我的课堂，别捣乱。

讲述人：<u>经营风险</u>，是指公司在经营管理过程中出现了失误而导致公司盈利水平变化。

B 先生：记得认真分析公司的财务报告。

讲述人：<u>账务风险</u>，是指公司财务结构不合理，融资不当而导致投资者预期收益下降的风险。此外，非系统性风险还包括<u>流动性风险</u>和<u>操作性风险</u>。流动性风险是指由于将资产变成现金方面的潜在困难而造成公司股价波动的风险；而操作性风险就是指不同的投资者面对同一只股票时不同的判断标准，不同的操作技巧，造成的投资结果产生巨大差异的风险。

C 先生：来福，股市风险多，要多研究宏观经济形势和上市公司经营情况，才能预防和抵御风险哟。

来福：这次是我错了，知识储备不足就贸然入市，老婆，你罚得对。

美丽：不过就套了一次而已，我们从头再来。

来福：老婆。

美丽：老公。

（根据阿福学投资整理）

第六单元　金　融　产　品

课文 1　你买黄金了吗？

"你买黄金了吗？"凌先生热心地问记者，"没买的话，你现在倒是可以考虑买点啦！"

这两年眼见别人炒股炒房，凌先生小有积蓄却不知如何投资，心中有些着急。最近，他决定听从朋友的劝说，在"纸黄金"投资上小试身手。

"我先观察了一个月，最初是在 8 月 24 日买入的，以每克 238.03 元买进了100 克。不过因为害怕风险，早上买的，下午就卖了，赚了 80 块！这是我投资的第一笔小收获。"凌先生指指屏幕上的曲线图说，"你看现在都涨到 264 块了，如果那 100 克持有到现在，就能赚 1600 块呢！"

凌先生在一个财经网站工作，"每天早晨我上班时，正是美国各个交易市场快闭市之时，各种投资信息非常丰富，这对我投资纸黄金很有好处。"他说。

如今，像凌先生这样热衷并坚守黄金投资的人越来越多，有些地方的金条交易甚至卖断了"货"。

业内人士分析，黄金投资近来之所以如此热门，与近来国内通胀压力逐步加大有必然的关系，毕竟黄金有很好的保值和增值功能。当然，也有不少人看好黄金的升值潜力。

凌先生经过一个多月的"实战操作"，颇有心得地说，理财新手可以先拿纸黄金来练练手。因为，目前金价走势还比较平稳，涨跌幅都不会太大，风险不会太大。

目前，国内黄金投资可分为两大类：一类是实物黄金的买卖，包括金条、金币、黄金饰品等，许多黄金投资公司都提供这种业务；另一类就是所谓的纸黄金，又称为"记账黄金"。

专家指出，实物黄金投资主要是作为保值和应急之用。纸黄金业务则是在商业银行开设黄金账户和资金账户，通过电子交易用资金账户内的资金买入一定数量黄金，存入黄金账户，由商业银行管理，随时可以变现。纸黄金的投资过程不发生实金提取等行为，从而避免了交易中的成色鉴定等手续，省略了黄金实物交易的操作过程。对于"炒金"者来说，纸黄金的交易更为简单便利。

业内专家还介绍，根据北京市大多数普通家庭的经济状况，一个家庭购买 10 枚 1 盎司的金币（按现有金价大概为 8 万元左右）就可达到一般家庭的初级黄金储备目标。从百年来国际与国内金融市场的经验看，"手握 10 盎司黄金"的家庭已经可以应对一般性的金融风险和通货膨胀。如果经济条件宽裕，还可以采取中级藏金计划（50 盎司）和高级藏金计划（200 盎司）。

不过，专家也提醒，与任何一种投资方式一样，黄金投资不可能"包赚不赔"。个人炒金先要找好渠道，金店是人们购买黄金产品的一般渠道。但是一般通过金店渠道买金更偏重的是它的收藏价值而不是投资价值。比如购买黄金饰品是比较传统的投资方式，金饰在很大程度上已经是实用性商品，而且其在买入和卖出时价格相距较大，投资意义不大；其次，影响黄金价格波动的因素多且复杂，炒金者要有综合分析能力和较强的心理承受力。

▶ 课文 2　金融界的新思维——余额宝

凭借一只余额宝，天弘基金公司的资产管理规模，短短几个月时间从 100 亿元冲到 1100 亿元，杀入"前十"，并且有可能在不远的将来取代华夏基金，成为"规模最大"的基金公司。

一石激起千层浪。余额宝的成功，不但激起了网络公司投身金融的浓厚兴趣，也引起了其他基金公司的各种羡慕。基金公司纷纷推出类似产品，围攻余额宝。

仅在 2013 年 12 月中旬，行业两大巨头华夏基金和嘉实基金就分别推出"活期通"和"活期乐"，大张旗鼓做宣传。华夏基金甚至扬言，"活期通"规模的长期目标是 2000 亿元。

在余额宝取得成功之前，基金公司对"互联网金融"可以说是不屑一顾。对于资产管理规模动辄几百亿元的基金公司来说，网上卖基金给普通民众，似乎只是一场游戏而已。但是，余额宝颠覆了这个看法。

2013 年 6 月 17 日，注定写入中国金融发展史的一天。这一天，由天弘基金和支付宝联手打造的业内首只互联网基金——余额宝正式上线。短短十几天之后，余额宝吸引了逾 60 亿资金，并受到超过 250 万客户的喜爱。之后，数字不断翻番，第三季度末期，余额宝规模达 556.53 亿元，一个半月后，规模又飙升至 1000 亿元。

它的资产管理规模很快就会超过华夏基金，成为行业第一。

在"活期通"的推荐会上，华夏基金副总经理吴志军坦言，余额宝的成功让其他基金公司都比较着急，纷纷去找有流量的网站合作，希望在互联网金融市场占据一席之地。

然而，着急的不只是基金公司，一向以财大气粗自称的各大银行这下也坐不住了。余额宝比银行存款更高的收益率，更快、更灵活的存款和提现安排让缺乏投资渠道的公众大喜过望，纷纷用"钱"投票，将自己的银行存款"搬家"到余额宝上，余额宝无声却迅猛地抢走了银行大量的小储户。其他基金公司的货币基金规模也在快速增长。货币基金规模的增长，都不是在瓜分余额宝的份额，而是在抢银行的活期存款。这点从基金公司的宣传口号"活期存款的 12 倍"就能知道。

央视评论员钮文新最近接连发文，炮轰余额宝，指责它是"趴在银行身上的'吸血鬼'，典型的'金融寄生虫'，应该予以取缔"。一语既出，满座皆惊。余额宝这么火爆，背后必定有它的独特之处，其模式已被广泛讨论过，如果说这种创新是"吸血鬼""寄生虫"，那么为何连各家银行现在也纷纷推出各种类似余额宝的基金？这在逻辑上说不通。

余额宝无疑触动了银行的利益，也给中国金融界带来了颠覆性的新思维，为广大的普通民众找到了投资的新渠道，然而，面对创新，面对变革，互联网金融的路到底能走多久，是金融界留给我们最大的悬念。

余额宝事件脉络

2013 年

- 6 月 5 日：支付宝宣布推出"余额宝"。
- 6 月 21 日："余额宝"因违规被令备案，但未被叫停。
- 7 月 24 日：超半数用户通过手机操作余额宝。
- 10 月 16 日：网民余额宝里 4 万元资金不翼而飞。
- 10 月 18 日：银联携手基金叫板余额宝。
- 11 月 15 日：余额宝规模突破 1000 亿元。

2014 年

- 2 月 12 日：余额宝突然出现"暂无收益"引发恐慌。
- 2 月 17 日：工行等推出银行版升级"余额宝"。
- 2 月 22 日：支付宝回应央视吸血鬼指责：余额宝利润仅 0.63%。
- 2 月 24 日：央视新闻评论员钮文新称：余额宝已成第二个央行。
- 2 月 25 日：银行扎堆推出类似余额宝产品。

综合练习

三、将互联网平台与他们推出的产品连接起来，并写出各产品的大概收益。

2013 年互联网大佬们更是争先推出了各种"宝"，其中包括支付宝推出的"余额宝"，网易推出的"现金宝"，苏宁推出的"零钱宝"，以及百度推出的"百发"，微信推出"理财通"，还有支付宝二代"元宵理财"，更让人惊奇的是陆金所也在今年推出了"陆金宝"。

1 月 21 日的"余额宝"的七日年化收益在 6.423%，而随后几天"理财通"上线后的七日年化收益已经达到了 7.902%。"元宵理财"的七日年化收益已接近

7.0%。据统计,同样的产品,只有百度"百发"在一定时期七日年化收益超过 7.0%,陆金所的"陆金宝"、网易"现金宝"等基金的 7 日年化收益率在 6%~6.9% 之间,苏宁"零钱宝"的收益为 7.0310%,"理财通"在收益率上仍具优势。

四、听十个句子,判断下面的句子是否正确地表达了原句的意思。

1. 巴菲特 1988 年买入了可口可乐 5.93 亿美元的股票,1989 年大幅增持到 10.24 亿美元。此后十年间由于可口可乐海外业务的飞速扩张,巴菲特也因此净赚了 100 亿美元。

2. 2001 年移居美国后,段永平开始了他的投资生涯。短短五年间,段永平在美国炒股所赚到的钱就远远超过了他在国内十多年做企业的收入。

3. 杨百万原本只是上海一名普通的下岗工人。1989 年他将全部身家 5 万元投入股市,两年内资金翻倍,杨百万被誉为"平民金融家"。

4. 网友落升是一位民间炒股高手,2008 年他在购买一套 260 万的别墅时只付给开发商 110 万,而将剩余 150 万全部投入股市。到了年末,股票大涨,他的 150 万一下子变成了 400 多万,落升也因此白赚到了一套别墅和一辆奔驰。

5. 20 世纪 80 年代末,随着日元的升值,日本国内兴起了投资热潮,日本人纷纷到国外购买房地产。

6. 民生银行曾先后于 2007 年 10 月、2008 年 12 月两次以 6.89 亿元、2.04 亿元入股美国联合银行,最终拥有了该银行 20% 的股权。

7. 曾志伟和女儿曾宝仪购买了大量雷曼兄弟的股票,次贷危机爆发后,雷曼兄弟倒闭,父女二人血本无归。

8. 2004 年,上汽集团以 5 亿美元的价格高调收购韩国双龙 48.92% 的股权,借此巩固世界 500 强的地位。

9. 微软为了扩大版图,决定以 33 美元每股的价格收购雅虎,但是雅虎老总杨致远坚决要把价格抬到 37 美元每股。出于价格的考虑,微软放弃收购雅虎。

10. 巴菲特曾经斥巨资购买美国航空公司优先股,但是由于航空业景气一路下滑,他的投资收益也大减。

五、听三段关于互联网金融产品的调查统计，将听到的数据填到横线上。

1. 年轻人和中高收入者是主要使用群体。

尽管互联网金融起步仅短短 2 年时间，但已渗透进居民的生活。这次调查显示，59.3% 的受访者表示购买或使用过互联网金融产品和服务。从年龄看，35 岁以下受访者中，近八成使用过互联网金融，高出平均水平 19 个百分点。从个人收入水平看，月收入 5000 元以上的受访者中，有 80.7% 使用过互联网金融，高出平均水平 21.4 个百分点。年轻人和中高收入者是使用互联网金融的主要群体。

2. 受访者普遍认为互联网金融有优势。

在购买或使用过互联网金融产品的受访者中，有 97.5% 认为互联网金融产品和服务与传统银行业务相比具有优势，仅 2.5% 认为没有优势。有 55.7% 的受访者认为互联网金融产品流动性强，可随时支取；55.5% 认为缴费、充值等产品和服务内容较好地满足了日常生活需要；47% 认为网络平台交易方便快捷。

3. 最关心权益保护和资金安全。

当问及目前互联网金融产品和服务存在哪些弊端和不足时，在购买或使用过互联网金融产品的受访者中，有 72.6% 认为"尚无明确监管，用户权益缺乏保障"，66.6% 认为是"网上交易资金安全存在隐患"，57.7% 认为是"互联网金融机构的资金风险防控能力不足"。

第七单元　中国经济

课文 1　中国的经济建设

1978 年，中国政府作出了改革开放的伟大历史抉择，开启了中国经济社会发展的历史新时期。1979—2012 年，中国国内生产总值年均增长 9.8%，同期世界经济年均增速只有 2.8%。中国高速增长期持续的时间和增长速度都超过了经济起飞时期的日本和亚洲"四小龙"，创造了经济发展史上的一个奇迹。据资料统计，中国国内生产总值由 1978 年的 3645 亿元迅速跃升至 2012 年的 518942 亿元。其中，从 1978 年上升到 1986 年的 1 万亿元用了 8 年时间，上升到 1991 年的 2 万亿元用了 5 年时间，此后 10 年平均每年上升近 1 万亿元，2001 年超过 10 万亿元大关，2002—2006 年平均每年上升 2 万亿元，2006 年超过 20 万亿元，之后每两年上升 10 万亿元，2012 年已达到 52 万亿元。

经济的快速增长，综合国力也得到了提升。外汇储备大幅增长，实现从外汇短缺国到世界第一外汇储备大国的巨大转变。1978 年，中国外汇储备仅 1.67 亿美元，位居世界第 38 位，人均只有 0.17 美元，折合成人民币不足 1 块钱。1990 年中国外汇储备超过百亿美元，达到 111 亿美元，1996 年超过千亿美元，达到 1050 亿美元，2006 年超过 1 万亿美元，达到 10663 亿美元，超过日本位居世界第一位，2011 年超过 3 万亿美元，2012 年达到 33116 亿美元，连续七年稳居世界第一位。通过发展对外贸易，引进国外的资金、技术和管理经验，中国大大提高了生产力水平，缩小了与发达国家的差距。2001 年，中国加入世界贸易组织（WTO），标志着中国对外开放进入一个新的阶段。截止到 2012 年，中国经济总量超越了日本成为了仅次于美国的世界第二大经济体，外贸总额位居全球第二。

2012 年，中国铁路营业里程达到 9.8 万公里，比 1978 年增长 88.8%，高速公路里程达到 9.62 万公里，高铁运营里程达 9356 公里。中国自己设计、生产的时速高达 350 公里的动车组，缩小了中国铁路运输与国际先进水平的差距。2012 年，中国粮食产量达到 58958 万吨，比 1978 年增长 93.5%，2012 年中国就业规模持续扩大。城镇登记失业率长期保持基本稳定。2012 年中国对外贸易总量不断攀升，进出口商品结构不断优化，引进外资与对外投资活动日益频繁。

随着经济的发展，中国人的收入也在不断增长，进入 21 世纪后，中国就已经摆脱了低收入国家的行列。根据世界银行《1990 年世界发展报告》的分类，人均国民生产总值（GDP）545 美元以下为低收入国家，545~2200 美元为中下收入国家，2200~5999 美元为中上收入国家，6000 美元以上为高收入国家。截至 2012 年末，中国人均 GDP 达到了 6100 美元。对于中国这样一个经济发展起点低、人口数量大的国家，能够取得这样的进步，确实是一个了不起的成绩。

课文 2 中国人的生活水平

衡量和比较生活水平的一个重要指标就是一个国家或地区的恩格尔系数（Engel's Coefficient）。所谓恩格尔系数，即食品消费的支出占家庭总支出的比例。恩格尔系数在 59% 以上为贫困，50%~59% 为温饱，40%~50% 为小康，30%~40% 为富裕，低于 30% 为最富裕。

据统计，2012 年，中国城镇居民恩格尔系数为 36.2%，比 1978 年下降 21.3 个百分点；农村居民恩格尔系数为 39.3%，下降 28.4 个百分点。人民生活总体上进入了富裕行列。

改革开放 35 年，中国居民人均收入有大幅提高。城镇居民人均消费水平提高了 52.6 倍，农村居民人均消费水平提高了 49.9 倍，年均名义增长分别为 12.4% 和 12.3%。彩电、洗衣机、电冰箱、空调、电话等耐用消费品逐步普及。其中固定电话由 1978 年的每百人 0.38 部提高到 2012 年的每百人 103.10 部；移动电话业务从无到有，手机已由上世纪 90 年代的奢侈品变为现在的生活必需品，2012 年普及率达到每百人 82.50 部，几乎达到了所有成年人人手一部的水平。汽车、电脑等高档耐用消费品拥有量大幅提高。2012 年末，城镇居民家庭平均计算机和家用汽车拥有量分别为每百户 87 台和 21.5 辆。

人均收入的大幅提高给中国人带来了衣食住行上的巨大变化。

首先，中国人民的居住条件有了极大改善。改革开放初期，住房还是中国人的一个大问题，一家老小挤在四五十平方米的房间内居住是常事。90 年代开始，国家开始兴建经济适用房，为中低收入家庭提供了"买得到、住得起"的选择。如今，人们的居住条件有了明显改善，居住的选择更多了，有高层住宅区，有复式楼，有花园小区，甚至还有些人住上了以前从来不敢想的别墅。

80 年代初期，一部故事片《庐山恋》成为年轻人喜爱的影片。女主角新颖的时装令当时的人们耳目一新。80 年代，留长头发、穿喇叭裤成为年轻人的时尚。现在，人们的生活好了，在衣服方面也就更不用愁了，人们的着装观念在急速变化,穿衣打扮讲究个性和多变,很难用一种款式或色彩来代表时尚潮流,强调个性、不盲目跟风本身也成为一种时尚。

有一句话叫"民以食为天"。从"食"的变化中,可以反映出一个社会的变化。50年代,中国曾一度粮食短缺。今天的物质生活已经极大地丰富了,菜场、超市、大卖场,各种食品应有尽有。人们对于吃的要求也越来越高,不仅要"吃好",还要吃得健康。人们不再一味追求大鱼大肉,以前因粮食不够用来充饥的野菜、粗粮,如今却成为餐桌上的健康食品。

从出行方式的变化也能看到生活水平的变化。改革开放前,中国人最主要的交通工具是自行车,中国也被称为是自行车王国。到了80年代末,由于中国人口众多,坐火车出现了"买票难,乘车难,运输难"的问题。于是,国家开始修铁路。随着社会的进步,汽车越来越多,于是,从90年代起,中国开始修建高速公路。经过多年的建设,中国目前已经形成覆盖全国的高速公路网。现在人们的出行更为方便了,火车提高了速度,出租车招手即停,私家车也进入了普通百姓家。

30多年来,改革开放给中国人带来了实实在在的好处。世界和平稳定,人民安居乐业,不仅是中国人对自己国家的愿望,也是对整个世界的美好祝福。

三、听一段话,将中国的招商引资工作按时间进行排序。

中国招商引资工作的真正起步是1978年,党的十一届三中全会召开以后。1979—1980年,中央先后批准广东、福建两省在对外经济活动中实行特殊政策和灵活措施,并在深圳、珠海、汕头、厦门因地试办经济特区,特区内对外商投资实行一些特殊优惠政策。1984年和1985年,国务院先后决定进一步开放上海、天津、大连、青岛、广州等14个沿海港口城市,将长江三角洲、珠江三角洲、闽南、厦(门)、漳(州)、泉(州)三角地区开辟为沿海经济开放区,吸引外资开始加快。1988年,党中央、国务院决定将沿海经济开放区扩展到北方沿海的辽东半岛、山东半岛及其他沿海地区的一些市、县,批准海南建省和设立海南经济特区。1992

年初，邓小平同志南行的重要谈话发表之后，对外开放出现了新的局面。国务院决定进一步开放6个沿江港口城市、13个内陆边境城市和18个内陆省会城市，引资工作在广度和深度上都有了新的大发展。

综合练习

三、听录音，回答下面的问题。

在过去20多年里，中国经济保持了8%左右的高速增长。但是，从历史经验看，日本和包括香港、韩国、台湾、新加坡在内的亚洲"四小龙"的经济高速增长期都持续了20年左右。之后，几乎无一例外地出现了减速的过程。中国经济会不会也陷入同样的怪圈？

专家认为，中国与其他的亚洲国家或地区不同，因此不能根据这些国家或地区的情况推断中国经济的发展走势。首先，中国的城市与农村之间、东部与西部之间发展水平存在巨大差距。例如，广东和西藏的经济总量相差有100倍。其次，中国城市化水平低，农村人口占大多数；第三，人口基数大，人均国内生产总值偏低。这些方面既是中国面临的重大问题，也是中国经济进一步发展的空间。

专家还认为，改革开放20多年，中国积累了相当的物质基础；中国具有广阔市场，蕴藏着巨大的需求。加入世界贸易组织，使中国的发展空间更加广阔。同时，改革的突破和深化，将为经济发展提供更加强大的动力。这些因素决定中国经济是能够保持较高的增长速度的。

四、听一段演讲实况录音，根据听到的内容做出选择（可能不止一个正确答案）。

用 心 赚 钱

最近啊，我看到一条新闻说，去年在全国毕业的大学生有六百多万，被称为史上最难就业季，今年全国的毕业生有七百多万，找工作的形势那是没有最难只有更难。事实真的是这样吗？我从来都不这么认为，我认为，机会满地都是，工作遍处都有，就看你有没有用心去找。

刚来北京的时候，因为我没有什么文化，就找到了一个在酒楼当保安的工作，每天给开开门，然后扶着人家下车，别撞着头。那时候从农村来，我特别想学一门手艺，每天都在惦记着，我能学厨师多好啊！绞尽脑汁在想，我要学厨师，我要学厨师。终于有一天一个机会来了，天哗哗下大雨了，雨特别大。这很多来吃饭的客人都没带伞啊，被雨都浇湿了。我一看这样，觉得不是特别好，因为来吃饭的都是我们的客人，都是上帝啊。我就拿个雨伞，在雨里边不停地来回地在接那个客人，不一会儿，浑身上下就被雨浇得呱呱湿，全淋透了。就没想到我们酒楼那个经理，看见我在那个雨里边接送客人了，当天下午经理就来了，跟我说："小窦，你看你，表现得这么好，有什么想法没有？"我说我特别想学厨师，酒楼经理说："对，这人啊得有一个手艺，明天你就去后厨学厨师去。"哎呦，当时我听到这个消息，我那个激动的啊，脑子都懵了，就内心怦怦、怦怦那个乱跳，终于可以去学当厨师去了。完了，然后这工资还从我原来当保安时候六百块钱涨到七百五，工资也给涨了，这么大的一个便宜事就让我给捡着了。

2008 年的时候，我来到了我现在工作的这家快递公司，刚来的时候没有业务，每天取不着件，挣不着钱，于是我就自己去印了一万张名片跟小广告。每天早上 8 点半我就到我负责的那几个楼门口，见人家就发。"您好，给你发张名片，以后快递找我。"就这么一发发了两个月，两个月以后就感觉这个生意就上来了，每天那个取的件比以前多了好几倍，大家别小看这一张张小小的名片，正是这一张张小小的名片，让我在五年的时间里边，挣到了 200 多万。平均每个月挣 3 万多，最高的时候一个月挣了 20 多万。我在北京还买了五辆车，在老家买了一套 150 平的大房子，特别满足。

2013 年的时候，我发觉我每个月能拿三四万的工资，但感觉这个上升的空间没有了。我就想我能不能毛遂自荐一下？我就给我们老板写了一封信，我说，老板，能不能给我一个机会啊，让我去管理一个分公司。我跟老板讲，你看我以前怎么去发名片，我特别特别热爱这家公司，我怎么样拼尽全力努力想办法提高我的业绩和服务质量。就这样，我们老板说，"好吧，那给你一家分公司管理吧。"从2013年的7月到现在我所管理的分公司，从我接手时全公司倒数第二名，现在已经变成全公司正数第一名了。

从下雨接送客人，再到满大街去发名片，再到给老板写信，这些小事难吗？其实一点都不难，谁都可以做得到。就因为好多人没有把这些小事放在眼里边，所以就丢了大事。老人老说，你看，千里之行，始于足下，虽然我们的起点没有很多人那么高，但只要我们做一个生活中的有心人，我们发现生活中的点点滴滴，就眼里边有活儿，手多动一点，脑子多想一点，我们一定可以成就我们自己的大的梦想。接下来，我的目标是买一辆大黄蜂跑车，我要开着跑车去送快递！

第八单元　世界经济

课文1　经济全球化与跨国公司

这个地球说大也大，说小它也小！小到何种程度呢？如今作为消费者的我们，再也不用到国外东奔西跑，在自家的市场上就可以轻轻松松地买到许多你所喜欢的外国商品和世界名牌了。瞧瞧我们的周围，从食品到服装、家电、手机、汽车，我们的生活几乎处处都被洋货包围着！不仅如此，在外国市场上也到处可见中国商品。你知道这是一种什么现象吗？是的，这就是所谓的"经济全球化"。

据说，"经济全球化"的说法最早是由T. 莱维于1985年提出的，至今没有一个公认的定义。许多学者认为全球化产生于20世纪50年代，由于市场和网络的推动，在1990年代成为经济发展的大趋势。

众所周知的波音飞机，名义上是美国波音公司制造的，其实参与生产的企业包括了6个国家的1500家大企业和15000家小企业。再如，欧洲的"空中客车"飞机，参与研制和生产的企业除法国外，还有德国、英国、西班牙、荷兰、比利时、意大利等国的航空公司，只是在法国最后组装，法国制造的零件还不到40%。苹果手机和电脑引发了全球消费者的追捧，寻找这些产品的原产地或生产国，已经没有太大的意义，可以说这些产品都是"全球"的产品，是经济全球化的杰作。经济全球化正是通过各种经济资源在世界市场上相互流动来实现的，而将各种经济资源带到世界市场上的是跨国公司。

跨国公司，顾名思义就是进行跨国性经营的企业。它通常在本国拥有一个总部，在其他国家或地区拥有子公司，通过利用各国当地的优势组织生产，来获得自己的最大经济利益。不仅如此，在世界科技开发和技术贸易领域方面，跨国公司也发挥着举足轻重的作用。目前，跨国公司掌握了世界上 80% 左右的专利权，基本上垄断了国际技术贸易。在发达国家，跨国公司控制着大约 90% 的生产技术和 75% 的技术贸易。

在中国生产的一枚螺钉，与在泰国生产的一颗螺母的精确结合，安装在了南非生产的一个机器上，然后，在世界各个国家的市场上进行销售。在这个过程中，我们看到，经济全球化意味着从上海到悉尼，从英国伦敦到日本东京，整个世界都必须遵循同一个市场规则。而由于西方发达国家占有明显的经济和技术优势，在国际竞争中占据着有利位置。全球化是很不平衡的，发达国家才是最大的受益者。经济全球化虽然可以使一些发展中国家加速发展，缩小同发达国家的差距，但对大部分发展中国家而言，经济全球化更像是一把"双刃剑"，既是机遇，也是挑战。首先，大量外资的进入，有助于解决发展中国家在经济建设过程中遇到的资金严重不足的问题。其次，外国资本的进入也为发展中国家带来了技术、管理经验及企业创新精神。再次，大量的外资进入有助于解决发展中国家剩余劳动力的就业问题，有助于促进金融市场的完善，有助于商品和资本的流动。但同时，我们也不能不看到大量的外资进入，增加了发展中国家的债务危机，加大了对民族工业的冲击，引起了发展中国家的生态环境的更大破坏。

世界经济全球化的趋势是不可扭转的，面对经济全球化这把"双刃剑"，发展中国家只有以更加积极的姿态走向世界，积极参与经济全球化，在参与过程中，立足自身优势，扬长避短，不断完善国家的经济体制，提高科技创新能力，才能迎接挑战，获得自身发展。

课文 2　金砖国家("BRICS")

2009 年 6 月 16 日，叶卡捷琳堡这个地处欧亚分界线的俄罗斯城市，迎来了四位尊贵的客人：中国国家主席胡锦涛，巴西总统卢拉，俄罗斯总统梅德韦杰夫和印度总理辛格。外界，尤其是西方看来，这是一场具有划时代意义的聚会。也是一次姗姗来迟的聚会。

十几年前，由这些国家英文名称首字母组成的 BRIC 一词，第一次出现在高盛经济学家吉姆·奥尼尔的文件里，并在 2003 年被高盛这个华尔街巨头写进了一篇名为《与 BRICS 一起梦想》的全球经济报告里。"BRICS"一词的发音与英文中的"砖块"(bricks) 一词非常相似，因此中文译为"金砖"。

在这篇引起广泛关注的投资报告中，有一个大胆的预测，到 2050 年世界经济格局将会经历剧烈的洗牌。中国、印度、巴西以及俄罗斯这几个被称为金砖的国家，将跻身全球新的六大经济体行列。一时间，"金砖"的概念广为流传。后来，随着南非的加入，金砖国家的地理范围从欧洲、亚洲、拉美扩大到非洲。人口总计约 28 亿，占全球人口的 42%。国土面积占全世界的近 30%。2011 年，金砖国家已经占据全球经济总量的近 20%。对当年全球经济增长的贡献也超过了 50%。

金砖之国，国情迥异，发展模式全然不同，为什么会被世界如此瞩目，它们之间的合作究竟会对世界经济格局产生怎样的影响？

2008 年 9 月，雷曼公司的倒闭标志着一场由美国次贷危机引发的金融危机全面爆发。华尔街风暴迅速蔓延到全世界。并很快冲击实体经济。演变成一场全球性的金融危机。这场席卷全球金融风暴的影响广泛而深远，2009 年，发达国家经济平均下降 3.2%，欧盟多项经济指标在全球金融危机中倒退了十年。

但在这一年，中国和印度保持了 9.2% 和 5.7% 的高增长率。看好金砖国家经济发展的人们在 2010 年更加坚定了这种认识。这一年，中国、印度、巴西、俄罗斯和南非五国经济增长率分别达到 10.3%、9.7%、7.5%、4% 和 2.7%。整体增长率超过 7%，远超发达经济体 2.7% 的平均增长率。

2014 年，据世界银行统计，按调整物价差距后的购买力平价计算，金砖国家国内生产总值 (GDP) 达到 33.1 万亿美元，同比增长 7.5%，而七国集团 (G7) 的 GDP 为 34.5 万亿美元。专家预计 2015 年金砖国家的 GDP 有可能与发达七国比肩。金砖国家的经济增长势头眼下虽然有些放缓，但整体上仍处于继续扩大的基础上。

（根据 CCTV "金砖之国"节目部分录音整理，有删改）

综合练习

三、听一段话，根据听到内容填空。

2001 年 12 月，中国正式加入了世界贸易组织，中国将会有更多的机会参与世界竞争与合作，得到更大的经济发展空间，进入其他国家市场的机会也将逐渐增加。

长期来看，加入世界贸易组织会对中国的经济增长和对外贸易产生积极的影响，很多产品出口的机会会大量增加。根据世界银行的估计，加入世界贸易组织五年内，中国对外贸易的数量在世界上占的比重会提高到 6.5%。

但是，加入世界贸易组织以后，中国的企业将面临更加激烈的竞争。因为与发达国家相比，我们的不少企业生产力发展水平不高，缺乏国际竞争力，并且，中国目前的经济体制还存在不足。只有完善经济制度，提高企业的实力，才能在激烈的国际竞争中生存并且发展。

四、听一段话，回答下面的问题。

"跨产业竞争"在许多国家已经成为一种发展趋势，而且越来越成为一种全球化的浪潮。在这种浪潮影响之下，制造业、服务业、金融业的界限将会越来越模糊，企业也逐渐地实现了多元化。

其实，在中国，很多企业已经开始这么做了，像希望集团，从饲料业起家，入股民生银行，现又对旅游业感兴趣。还有不少原来的家电企业进军毫不相关的行业，如房地产、饮食等。

从国外的发展来看，"跨产业竞争"是企业发展的必由之路。这样做，不仅可以开发新的经济增长点，同时也减少了因为某一个行业不景气而影响整个企业发展的风险。想成为具有国际竞争力的企业，就必须适应这个趋势。企业面对这种跨产业竞争，应具备新的思维与运作方式。其中最重要的就是开发和利用现代科技，企业要善于利用新的科技如因特网、卫星通信、生化技术等，以寻找新的商机，科技的改变将会给企业带来新的机会。

五、听录音，根据对话内容选择正确答案（可能不止一个正确答案）。

男：现在大批外国企业进入中国，使中国的国内企业面临很大的问题。

女：我的看法跟你的看法完全相反，外国企业进入中国会使国内企业形成压力，有了压力才有动力，这会从根本上提高国内企业的实力和竞争力。

男：国内企业怎么可能赶超外国企业，我们的精英人才都被外国跨国企业挖走了。

女：这怎么可能？

男：你对这些不太了解，那些跨国企业在中国投资建厂，除了需要廉价的劳动力以外，还需要高水平的管理人才和技术人才。

女：这不错。

男：但他们的很多人才是从中国的国内企业挖走的。

女：咱们国内企业的人才就跟他们走吗？

男：很少有人能挡得住他们的诱惑。

女：别说得那么可怕，有什么诱惑啊？

男：一方面，跨国企业能提供有诱惑力的工资；另一方面又能提供良好的工作环境和发展空间。

女：这些诱惑的确挺大的。

男：你能挡得住这些诱惑吗？

女：恐怕挡不住。可这些高级管理人员和技术人员对企业来说相当重要，国内企业应该想方设法留住他们。

男：说起来容易做起来难啊。

女：这有什么困难？提高工资就行。

男：就是提高了工资也未必能留住人才，跨国公司为了得到他们想要的人才，往往给这些人许诺提供良好的工作环境和发展空间，想方设法把他们挖走。

女：怪不得经常听说有人跳槽去外企。

男：这些人跳槽了，对原来的企业造成了相当大的损失，有的企业甚至会因此面临被淘汰的危机。

女：但是只要企业增强实力，完善管理水平，增强竞争力，迟早会赶超那些跨国企业的。

男：非一日之功啊。

女：只要我们全力以赴，在不远的将来就会有这么一天的。

男：但我担心有些企业没能赶超跨国企业，反而被市场淘汰了。

女：这也没办法，优胜劣汰，市场竞争向来就是这么残酷。从另一个方面来说，把没有竞争力的企业淘汰掉，对整个中国市场的良性发展也是一件好事。

男：你说得对。我希望有一天，外国的人才也会被中国的企业所吸引，会跳槽到中国的企业来。

女：当然会有这么一天。对了，光顾讨论这些国家大事了，忘了今天的任务是什么了。

男：快快快，快去打羽毛球，现在已经八点了，再过一个小时就该闭馆了。

参考答案

第一单元 体育商机

课文1 你应该找时间锻炼一下

练习

一、听录音，根据课文内容判断正误。

1. √   2. √   3. ×   4. ×   5. ×   6. √   7. √   8. ×   9. ×   10. ×

二、听录音，根据课文内容选择正确的答案（可能不止一个答案）。

1. B   2. A   3. D   4. D   5. BCD   6. C   7. C   8. A   9. A   10. D

三、根据课文内容完成下面的表格。

孙燕的建议	赵民是否接受了这个建议	原因
让娜娜做点儿好吃的给赵民	否	他们已经分手了，很久没有联系
每天晚饭后出门散步半小时	是	饭后百步走，活到九十九
周三晚打羽毛球	否	每周三晚要去老板家喝茶
每周日下午和马克一起打篮球	是	是赵民最喜欢的体育运动

四、（略）。

课文2 奥运会带来了什么？

练习

一、请听课文"体育产业"部分，完成下面的练习。

1. 选择正确答案（可能含有一个正确答案）。

1) AB　2) AD　3) A　4) C　5) BC　6) C　7) AB　8) BC

2. 谈一谈：（略）。

二、请听课文"全民健身"部分，完成下面的练习。

1. 判断下列说法是否正确。

1) √　2) ×　3) ×　4) √　5) ×　6) √　7) ×　8) ×　9) √　10) √

2. 谈一谈（略）。

三、关联词语练习（略）。

综合练习

一、关于体育专用词汇的练习。

1. 下面的成绩可能是什么体育项目？把对应的两项连接起来。

1) 9.98 秒　　　　　3) 男子 100 米

2) 9.75 分　　　　　4) 体操

3) 2 小时 56 分　　　7) 马拉松

4) 8.95 米　　　　　8) 男子跳远

5) 99 环　　　　　　9) 射击

6) 11 : 7　　　　　　2) 乒乓球

7) 6.14 米　　　　　1) 男子撑竿跳高

8) 60.13 米　　　　　10) 标枪

9) 39.12 秒　　　　　5) 男子 4×100 米接力

10) 268 杆　　　　　6) 高尔夫球

2. 看看下面的词语，它们可能是什么体育运动项目的专有名词？

1) 篮球　　　　　2) 足球　　　　　3) 排球

4) 足球　　　　　5) 乒乓球、羽毛球　6) 羽毛球、乒乓球

7) 乒乓球、羽毛球　8) 田径　　　　　9) 足球

10) 棒球、垒球　　11) 篮球　　　　12) 排球

13) 足球　　　　　14) 足球　　　　15) 游泳

16) 男子竞技体操　17) 足球　　　　18) 篮球

19) 羽毛球　　　　20) 乒乓球

3. 听下列句子或对话，选择正确的答案。

（1）A　（2）B　（3）B　（4）B　（5）A　（6）B　（7）D　（8）C

（9）B　（10）D

二、选择下面的词语填在横线上。

1. 绞尽脑汁　2. 舒服　3. 锻炼　4. 广泛　5. 刺激　6. 瘾　7. 无可奈何

8. 竞赛　9. 规律　10. 小菜一碟

三、听录音，根据对话内容选择正确答案。

1. B　2. D　3. A　4. D　5. A　6. C　7. C　8. D　9. C　10. D

四、（略）。

五、听录音，判断下面的句子是否符合原文的意思。

1. ×　2. ×　3. √　4. √　5. ×　6. √　7. ×　8. ×　9. √　10. √

六、听下面关于中国著名乒乓球运动员邓亚萍的介绍，完成下列练习。

1. 填空。

1973 年 2 月 6 日；1.50 米；53 公斤；河南；5 岁；10 岁；1988 年 12 月；右
手横排

2. 选择正确的答案完成下表。

I②；I①；II③；I④；I④；II③；I④

3. 回答下列问题。

（1）技术打法和特点：速度较快，进攻性强；

（2）性格特点：争强好胜，永远想击败曾经击败过她的人；

（3）退役后主要经历：成了清华大学的学生并在毕业后赴英国继续深造，
同时经国际奥委会主席萨马兰奇提名，两次成为国际奥委会运动委员会的委员。

七、演讲（略）

第二单元　文　化　产　业

课文 1　文化产业大家谈

练习

一、听录音，根据课文内容选择正确的答案（可能不止一个正确答案）。

1. BC　2. BC　3.D　4. AB　5.ACD　6.B　7.A　8.C　9.AC　10.A

二、听录音，把下列选项中属于同一类的文化产业填在对应的横线上。

1. GEIDC　　2. FKA　　3. JBH

三、说一说（略）。

课文 2　"舌尖"上的商机

练习

一、听录音，根据课文内容判断正误。

1.×　2.√　3.×　4.×　5.√　6.×　7.√　8.×　9.×　10.√

二、听录音，根据内容选择正确的答案（可能不止一个正确答案）。

1.A　2.B　3.A　4.B　5.AC　6.C　7.AD　8.D　9.AC　10.B

三、围绕以下几个方面复述课文的内容（略）。

综合练习

二、选择下面的词语填在横线上。

1.宣传　2.装饰　3.利益　4.风靡　5.一如既往　6.赞助　7.期待

8.前所未有　9.趋势　10.不可思议

三、听录音，请根据录音内容选择正确答案。

1. C　2. D　3. C　4. C　5. D　6. B　7. C　8. B　9. B　10. D

四、听一段对话录音，完成下面的练习。

1. 判断下面的句子是否符合原文的意思。

（1）√　（2）×　（3）√　（4）×　（5）×　（6）√　（7）√　（8）×

（9）√　（10）×

2. 回答下面的问题。

（1）对《代号美洲豹》和《摇啊摇，摇到外婆桥》这两部电影不太满意，其他的各有千秋。

（2）自己一直在老老实实地拍电影，这些电影也一直都是话题。

（3）属于艺术片。

（4）拍得好的商业电影有一定的艺术性，艺术电影也有一定的商业性。

（5）可能是历史的或者现代的。

（6）剧本能顺利通过；有人投钱。

（7）每一部电影都会有变化，哪怕很小。

五、听录音，回答下面的问题。

1. 车的外形必须要时尚惹眼。

2. 小巧可爱的身型、亮丽的车身颜色、温馨的内饰、浪漫的天窗和不错的音响效果。

3. 一是与丈夫一起购车并同时使用；二是丈夫已有一辆车，经济能力许可再给妻子买一辆新车；三是自己赚钱自己买车。

4. 年轻时尚、思想前卫、敢于花明天的钱提前消费。

六、选择一个题目，写一篇演讲稿，并演讲给同学们听（略）。

第三单元　创业故事

课文 1　李想

练习

一、请根据记者对李想的采访选择正确答案（可能不止一个正确答案）。

1. A　2. A　3. A　4. D　5. BC　6. C　7. C　8. BC　9. B　10. BD

二、在横线上填入你听到的内容。

① 风险　创业者　新生　冒险　眼光　信息
② 机会　赚钱　能力　暴利　微利

课文 2　陈春虹和她的"一杯水马桶"

练习

一、听录音，根据课文内容选择正确答案（可能不止一个正确答案）。

1. CD　2. BC　3. ACD　4. D　5. C　6. D　7. AD　8. AC　9. AD　10. BC

综合练习

一、请为下面的这些问候语和祝福语选择使用它们的时间、地点、场所和对象。

1. G　2. J　3. D　4. E　5. B　6. F　7. H　8. C　9. I　10. A

二、为下面的句子选择合适的词语填空。

1. 一窍不通　2. 渠道　3. 打理　4. 代理商　5. 众所周知

6. 专利　7. 精英　8. 客流量　9. 性价比　10. 亏损

三、听句子录音，请根据句子内容填空。

1. 物美价廉　2. 利润　3. 缓解　就业　4. 吸引力　5. 全力以赴

6. 挖走   7. 追求   8. 迟早   9. 白领阶层   10. 伟大复兴

四、听录音，根据内容选择正确答案（可能不止一个正确答案）。

1. D   2. BD   3. AD   4. AD   5. AB   6. BCD

五、听录音，判断下面句子是否正确地表达了原文的意思。

1. ×   2. √   3. ×   4. √   5. ×   6. ×   7. √   8. ×   9. ×   10. ×

第四单元   商 务 谈 判

课文 1   投其所好

练习

一、听录音，根据课文内容判断正误。

1. √   2. ×   3. √   4. √   5. ×   6. ×   7. √   8. ×

二、听录音，根据内容选择正确答案（可能不止一个正确答案）。

① B   ② A   ③ B   ④ B   ⑤ AC   ⑥ C   ⑦ CD

课文 2   准备谈判

一、听录音，根据录音内容选择正确答案（可能不止一个正确答案）。

1. BC   2. A   3. B   4. D   5. ABD   6. AB   7. ABD   8. AC

二、听录音，根据课文内容填空。

1. 面对的谈判对象多种多样。

2. 谈判对象；对企业无足轻重，可有可无。

3. 对方的谈判目的、对方公司的经营状况、谈判人员性格、对方公司的文化和谈判对手的习惯和禁忌等。

4. 把其他采购商的信息拿出来。

5. 经过双方协商、妥协、变通后的结果。

6. 多准备几套谈判方案。

综合练习

二、选择下面的词语填在横线上。

1. 想方设法　2. 误区　3. 供货商　4. 双赢　5. 协商　6. 让一步　7. 方案

8. 妥协　9. 知己知彼　10. 样品

三、听十个句子，判断下面的句子与原句的意思是否相符。

1. ×　2. √　3. √　4. ×　5. ×　6. √　7. √　8. ×　9. ×　10. √

四、听录音，根据录音内容回答问题。

1. 现金支付每打 270 元。

2. 因为同一个地方的另一家公司批发了 50 打，卖得特别火。

3. 是公司女职员中十分出色的人。

4. 因为公司原来的技术员刘峰辞职去了那家公司并泄露了生产技术。

5. 决定批发，因为零售价远高于批发价。

6. 因为小李在谈判的时候吸烟，可能会对谈判造成不利的影响。

7. 在马上要进行谈判前不久。

8. 还没有明确的结果。

五、综合训练。

（二）听录音，回答下列问题。

（1）一开始把所有的空间全部让出去是极端愚蠢的。因为对方会步步紧逼，让你无法承受，导致谈判陷入僵局或破裂。

（2）对方会觉得你的每一次让步都是在有意试探，诱骗价格且有失严肃。

（3）对方了解到你的让步规律，会在你最后一次让步后期待下一次让步。

（4）让步幅度递减，且每一个看似异常艰难的让步都要求卖方给予其他方面的回报，让对方以为你已经到了底线。

第五单元　风　险　控　制

课文 1　鸡蛋与篮子

练习

一、听录音，根据课文内容判断正误。

1.√　2.×　3.√　4.√　5.×　6.√　7.×　8.×　9.√　10.×

二、听录音，根据课文内容选择正确答案（可能不止一个正确答案）。

1.CD　2.B　3.B　4.D　5.D　6.AC　7.AC　8.C　9.D　10.A

课文 2　李嘉诚的三大法宝

练习

一、听录音，根据课文内容选择正确答案（可能不止一个正确答案）。

1.BC　2.C　3.C　4.AB　5.C　6.D　7.B　8.BD

综合练习

2.将下列词填入空中，使句子构成比喻句。

1) 眼睛　2) 蚂蚁 3) 小船　4) 老师　5) 飘带

6) 海洋　7) 金子 8) 长龙　9) 航空母舰　10) 绿地毯

二、选择下面的词语填在横线上。

1.互补　2.无动于衷　3.盲目　4.波动　5.蔓延

6.结实　7.监控　8.盈利　9.市值　10.缩水

三、听录音，根据对话内容选择正确答案。

1.A　2.C　3.C　4.C　5.B　6.A　7.B　8.C　9.B　10.A

四、听一段话，请根据内容判断下列句子是否正确。

1. ✕　2. ✓　3. ✓　4. ✓　5. ✓　6. ✕　7. ✕　8. ✓　9. ✕　10. ✓

第六单元　金融产品

课文1　你买黄金了吗？

练习

一、听录音，根据课文内容判断正误。

1. ✕　2. ✓　3. ✕　4. ✓　5. ✓　6. ✓　7. ✓　8. ✕　9. ✕　10. ✕

二、听录音，选择正确的答案（不止一个正确答案）。

1. A　2. BC　3. B　4. ACD　5. CD　6. CD　7. AD　8. C

课文2　金融界的新思维——余额宝

练习

一、听录音，根据课文内容选择正确答案（可能不止一个正确答案）。

1. BD　2. D　3. BD　4. A　5. D　6. B　7. C　8. C　9. AD　10. AB

11. A　12. C

二、按照时间顺序，将下列余额宝事件进行排序。

DEAGKJCIHBF

综合练习

二、选择下面的词语填在横线上。

1. 颠覆　2. 一席之地　3. 基金　4. 小试身手　5. 升值

6. 扬言　7. 悬念　8. 积蓄　9. 收益率　10. 理财

三、听录音，将互联网平台与它们推出的产品连接起来，并写出各产品的大概收益。

苏宁—零钱宝 7.0310%　　陆金—陆金宝 6%~6.9%

百度—百发　超过 7%　　支付宝—余额宝 6.423%

网易—现金宝 6%~6.9%　　支付宝二代—元宵理财 7.0%

微信—理财通 7.902%

四、听十个句子，判断下面的句子是否正确地表达了原句的意思。

1. √　2. √　3. ×　4. ×　5. ×　6. √　7. √　8. ×　9. √　10. ×

五、听三段关于互联网金融产品的调查统计，将听到的数据填到横线上。

（一）2 年　59.3%　35 岁以下　八成　19 个百分点

　　　　5000 元以上　80.7%　21.4 个百分点

（二）97.5%　2.5%　55.7%　55.5%　47%

（三）72.6%　66.6%　57.7%

第七单元　中 国 经 济

课文 1　中国的经济建设

练习

一、听录音，根据课文内容选择正确答案（可能不止一个正确答案）。

1. A　2. B　3. B　4. D　5. B　6. C　7. ABD　8. B　9. CBDA　10. D

课文 2　中国人的生活水平

练习

一、听录音，根据内容判断下列说法是否正确。

1. ×　2. ×　3. √　4. √　5. ×　6. ×　7. ×　8. √　9. ×　10. √

二、根据录音的内容，回答下面问题。

1.改革开放初期：住房是中国人的一个大问题，一家老小挤在四五十平方米的房间内居住是常事。

90年代：国家开始兴建经济适用房，为中低收入家庭提供了"买得到、住得起"的选择。

现在：人们的居住条件有了明显改善，居住的选择更多了，有高层住宅区，有复式楼，有花园小区，甚至还有些人住上了以前从来不敢想的别墅。

2.80年代：留长头发、穿喇叭裤成为年轻人的时尚。

现在：人们的生活好了，在衣服方面也就更不用愁了，人们的着装观念在急速变化，穿衣打扮讲究个性和多变，很难用一种款式或色彩来代表时尚潮流，强调个性、不盲目跟风本身也成为一种时尚。

3.50年代：中国曾一度粮食短缺。粮食不够用野菜、粗粮来充饥。

现在：物质生活极大丰富了，各种食品应有尽有。人们对于吃的要求也越来越高，不仅要"吃好"，还要吃得健康。人们不再一味追求大鱼大肉，以前因粮食不够用来充饥的野菜、粗粮，如今却成为餐桌上的健康食品。

4.改革开放前：中国人最主要的交通工具是自行车，中国也被称为是自行车王国。

80年代以后：由于中国人口众多，坐火车出现了"买票难，乘车难，运输难"的问题。

90年代：中国开始修建高速公路。

现在：目前已形成覆盖全国的高速公路网。现在人们的出行更为方便了，火车提高了速度，出租车招手即停，私家车也进入了普通百姓家。

三、听一段话，将中国的招商引资工作按时间进行排序。

CDAB

综合练习

二、选择下面的词语填在横线上。

1. 新颖   2. 短缺   3. 奢侈品   4. 改善   5. 安居乐业

6. 覆盖   7. 摆脱   8. 衡量   9. 奇迹   10. 外汇

三、听录音，回答下面的问题。

1. 8% 的增长速度。

2. A：香港   B：韩国   C：台湾   D：新加坡

3. 经济高速增长期都持续了 20 年左右，之后，几乎无一例外地出现了减速的过程。

4. 首先：中国的城市和农村之间、东部与西部之间发展水平存在巨大差距；

其次：中国城市化水平低，农村人口占大多数；

最后：人口基数大，人均国内生产总值偏低。

5. 1) 改革开放 20 多年，中国积累了相当的物质基础。

2) 中国具有广阔市场，蕴藏着巨大的需求。

3) 加入世界贸易组织，使中国的发展空间更加广阔。

4) 改革的突破和深化，将为经济发展提供更加强大的动力。

四、听一段演讲实况录音，根据听到的内容做出选择（可能不止一个正确答案）。

1. C   2. B   3. BCD   4. B   5. D   6. A   7. CD   8. B

第八单元 世界经济

课文 1 经济全球化与跨国公司

练习

一、听录音，根据课文内容判断正误。

1. √ 2. √ 3. × 4. √ 5. × 6. × 7. √ 8. × 9. × 10. √

二、关于"跨国公司"，下面的说法正确的是：

2、3、4

三、关于经济全球化，下面说法正确的是：

1、2、4、8、9、10

四、根据课文内容回答下面问题（略）。

课文 2 金砖国家（"BRICS"）

练习

一、听录音，根据课文内容选择正确答案（可能不止一个正确答案）。

1. B 2. BCD 3. B 4. B 5. C 6. AC 7. AC 8. AC 9. A 10. C

综合练习

一、名称缩写、简称的练习。

全球定位系统	GPS
联合国	U.N.
世贸组织	WTO
国际田径联合会	IAAF
对外经贸大学	UIBE

国际足联	FIFA
电子公告牌	BBS
一级方程式赛车	F1
短信系统	SMS
首席执行官	CEO
世界博览会	EXPO
美国职业篮球联赛	NBA
七国集团	G7

中信——中国中信集团公司

妇联——妇女联合会

教委——教育委员会

足联——足球联合会

世贸组织——世界贸易组织

世博会——世界博览会

海归——海外归来人员

二、选择下面的词语填在横线上。

1. 划时代　2. 遵循　3. 双刃剑　4. 举足轻重　5. 公认　6. 垄断　7. 巨头

8. 蔓延　9. 放缓　10. 顾名思义

三、听一段话，根据听到内容填空。

1. 正式　2. 竞争　合作　3. 积极　4. 出口　5. 比重　6. 激烈　7. 生产力

8. 完善

五、听录音，根据对话内容选择正确答案（可能不止一个正确答案）。

1. C　2. D　3. ABC　4. A　5. A　6. D　7. D　8. C　9. C　10. C